dtv

Finanzskandale, Reformen, Währungsunion, Kriegseinsätze: Es gibt genügend politischen Zündstoff in Deutschand. Doch je wichtiger eine Frage ist, desto mehr wird sie der demokratischen Auseinandersetzung entzogen. Das Publikum wendet sich angewidert ab, niemals zuvor in der deutschen Nachkriegsgeschichte haben Politiker, Parteien und auch Medienvertreter ein so geringes Ansehen genossen wie heute. Dabei gefährdet der Niedergang der demokratischen Streitkultur das, was vorgeblich erreicht werden soll: den Konsens über die Spielregeln des Zusammenlebens. Mutig, entschieden und streitlustig schreibt Bettina Gaus dagegen an.

Bettina Gaus, geboren 1956, ist politische Korrespondentin der ›taz‹, deren Parlamentsbüro sie von 1996 bis 1999 leitete. Vorher hat sie mit Sitz in Nairobi sechs Jahre über Ost- und Zentralafrika berichtet.

Bettina Gaus

Die scheinheilige Republik

Das Ende der demokratischen Streitkultur

Aktualisierte Ausgabe

Deutscher Taschenbuch Verlag

Aktualisierte Ausgabe
Juni 2002
Deutscher Taschenbuch Verlag GmbH & Co., München
www.dtv.de
© 2000 Deutsche Verlags-Anstalt GmbH, Stuttgart/München
Umschlagkonzept: Balk & Brumshagen
Umschlaggestaltung unter Verwendung einer
Fotografie von © The Image Bank / Marco M. Dresden
Satz: EDV-Fotosatz Huber, Germering
Gesetzt aus der Janson
Druck und Bindung: Druckerei C.H. Beck, Nördlingen
Gedruckt auf säurefreiem, chlorfrei gebleichtem Papier
Printed in Germany · ISBN 3-423-36277-4

Für meinen Vater

Inhalt

Vorwort zur Taschenbuchausgabe

Alles wird anders, aber es ändert sich wenig. Als dieses Buch vor zwei Jahren in einer gebundenen Ausgabe erschienen ist, beherrschte der Finanzskandal der CDU die Schlagzeilen. Wolfgang Schäuble war gerade erst als Partei-und Fraktionsvorsitzender zurückgetreten. Das World Trade Center in New York schien für die Ewigkeit gebaut zu sein, und niemand wäre auf die Idee gekommen, deutsche Soldaten könnten in naher Zukunft zum Einsatz an den Hindukusch geschickt werden. Die Wirtschaftsprognosen waren gut, obwohl eine Mehrheit der Bevölkerung der Einführung des Euro skeptisch gegenüberstand. Stehende Ovationen für Parteivorsitzende mußten nicht länger als drei Minuten dauern.

Mittlerweile erwarten die politischen Führungskräfte von ihren Anhängern eine Huldigung von etwa sieben Minuten. Die meisten anderen ungeschriebenen Regeln des politischen Geschäfts aber gelten unverändert weiter, haben sich seit dem Umzug von Parlament und Regierung nach Berlin vielleicht sogar verfestigt. Das ist nicht erstaunlich. Tiefgreifende Umwälzungen in Staaten und Gesellschaften vollziehen sich nicht im Zwei-Jahres-Rhythmus. Selbst revolutionäre Eruptionen kündigen sich über Jahre hinweg schleichend an.

Bemerkenswert ist allerdings, daß unverdrossen immer wieder das Gegenteil behauptet (und geglaubt) wird. Marktschreierisch rufen Medien und Politiker eine historische Stunde nach der anderen aus. Nichts werde nach dem 11. September je wieder so sein wie vorher, war die übereinstimmende Ansicht der politischen Klasse nach den terroristischen Angriffen auf die USA im Spätsommer des letzten Jahres. Es mag sein, daß die Attentate tatsächlich eine Zäsur und nicht nur ein schreckliches Intermezzo gewesen sind. Mit

Sicherheit werden wir das erst in einigen Jahren sagen können. Bereits jetzt aber wissen wir, daß auch im Bereich der Politik vieles nach dem 11. September erwartungsgemäß genau so geblieben ist, wie es vorher war. Die immer grelleren Superlative der veröffentlichten Meinung erhöhen die Bedeutung eines Ereignisses nicht. Sie schmälern lediglich die Glaubwürdigkeit derer, die sie benutzen.

Welcher Schritt auf dem Weg hin zu Veränderungen jeweils wichtig gewesen ist und bei welchen Begebenheiten es sich nur um ein kleines Stolpern der Geschichte handelte, läßt sich endgültig stets erst im historischen Rückblick beurteilen. Die wachsende Kritik am Prozeß der Globalisierung, die von manchen deutschen Politikern tatsächlich für neu gehaltene und von anderen zumindest für neu erklärte Herausforderung durch den internationalen Terrorismus, die lauter werdenden Forderungen nach einer Demokratisierung europäischer Institutionen, die Einschränkungen individueller Freiheiten zugunsten kollektiver Sicherheit, der Ausstieg aus der Atomenergie, die neue Rolle des Militärs in der Außenpolitik: diese Themen und viele weitere haben seit dem Amtsantritt der rot-grünen Bundesregierung für Schlagzeilen gesorgt. Aber bei der Frage nach dem Stellenwert, den jedes einzelne dieser Themen tatsächlich langfristig haben wird, sind wir alle auf Vermutungen angewiesen. Zeitgenossen fehlt bekanntlich die notwendige Distanz, um ein verläßliches Urteil über ihre eigene Gegenwart zu fällen.

Ungeachtet der universalen Gültigkeit dieser Aussage ist es allerdings fraglich, ob jemals zuvor einer Generation der Blick auf eine klare Analyse durch so viele Nebelkerzen verstellt worden ist wie gerade der heutigen, die im sogenannten Informationszeitalter lebt. Die meisten dieser Nebelkerzen werden ausgerechnet von jenen geschleudert, die eigentlich dafür bezahlt werden, über das Weltgeschehen sachlich zu berichten und die Bedeutung einzelner Vorkommnisse möglichst unparteiisch zu bewerten: den Journalisten.

Diese Einschätzung soll kein Wasser auf die Mühlen derjenigen sein, die im eigenen, tief verwurzelten Ressentiment gegenüber »den Medien« bereits den Nachweis ihres unbestechlichen Scharfblicks sehen und die Reporter und Redakteure ohnehin allesamt für verlogene, sinistre und feige Gestalten ohne jedes Berufsethos halten. Derlei pauschale Medienschelte zielt am Problem vorbei – leider. Andernfalls ließe es sich ja schlicht durch den Austausch von Personen lösen. Aber so einfach ist es eben nicht. Den Gesetzmäßigkeiten, die der wachsende Einfluß von Massenkommunikationsmitteln auf die politische Diskussion mit sich bringt, kann sich keiner der Beteiligten entziehen. Weder die Politiker noch die Journalisten noch auch die Öffentlichkeit.

Die technische Entwicklung, die in den letzten Jahren eine immer schnellere Verbreitung von Nachrichten ermöglicht hat, und der wachsende Konkurrenzdruck vor allem im Bereich der elektronischen Medien läßt den Bedarf an Sensationen beständig wachsen. Das Publikum soll mit immer neuen Reizen im Zustand kontinuierlicher Erregung gehalten werden und mit nie erlahmender Neugierde den nächsten Nachrichten entgegenfiebern – schließlich muß verhindert werden, daß es einfach abwandert.

Wenn die Folge dieser gefräßigen Gier nach dem nächsten Kick nur darin bestünde, daß mittlerweile selbst Diskussionen über die gesetzliche Neuregelung des Verbraucherrabatts zu Fragen von geschichtlichem Rang erhoben werden, dann wäre das lediglich lustig. Aber die Konsequenzen reichen weiter. Eine Meldung, die sich beim besten Willen nicht zur Sensation umformulieren läßt, muß untergehen, wenn schon die Flut vermeintlich oder tatsächlich aufsehenerregender Neuigkeiten nicht einmal mehr von Nachrichtenjunkies zu bewältigen ist.

»Die Medien haben uns das ja verschwiegen«, ist ein regelmäßig in Leserbriefen erhobener Vorwurf, wenn die Konsequenzen einer scheinbar unspektakulären Neuerung mit erheblicher zeitlicher Verzögerung endlich ins öffentliche Bewußtsein dringen. »Wir haben ausführlich im Wirtschaftsteil – im Lokalteil – auf den hinteren Nachrichtenseiten – darüber berichtet«, lautet ebenso regelmäßig die empörte Verteidigung von Journalisten, die sich zu Unrecht angegriffen fühlen. Wahr ist: Informationen, die keine tagesaktuelle Brisanz enthalten, aber zum Verständnis langsamer Entwicklungen erforderlich sind, werden zwar veröffentlicht, aber im Regelfall nur noch von Fachleuten zur Kenntnis genommen. Das stärkt die Machtstellung dieser exklusiven Kreise, während zugleich das Vertrauen der Öffentlichkeit und auch der gewählten Volksvertreter in die eigene Urteilsfähigkeit schwindet – und damit ihre Möglichkeiten der Einflußnahme auf den politischen Diskurs.

Die Bedeutung sogenannter Hintergrundgespräche, in denen Politiker ausgewählten Journalisten gezielt Informationen und Einschätzungen vermitteln, als deren Urheber sie nicht namentlich genannt werden wollen, ist meinem Eindruck zufolge seit dem Regierungsumzug in die Hauptstadt noch gestiegen. Das liegt nicht zuletzt einfach daran, daß Berlin erheblich weitläufiger ist als Bonn, man sich dort also seltener ganz zufällig über den Weg läuft. Wer miteinander sprechen möchte, muß sich verabreden.

Das führt zwangsläufig zu einer größeren Abhängigkeit der meisten Journalisten von ihren Kontaktleuten und zu einem sich verengenden Spektrum ihrer Informationsquellen. Damit wächst zugleich auch die Unsicherheit vieler Korrespondenten, ob sie mit ihrer Einschätzung der Lage denn wohl richtig liegen. Um sich zu vergewissern, reden sie darüber mit Kollegen. Und so kommt es, daß die veröffentlichte Meinung immer homogener wird und zwar um so mehr, je komplizierter ein Thema ist. Das wiederum verstärkt den Eindruck, es gebe für jedes Problem nur eine einzige »vernünftige« Lösung. Wer diese in Zweifel zieht, gerät leicht in den Verdacht, ein weltfremder Sturkopf zu sein.

Daß diese Dynamik auch unfreiwillig komische Folgen nach sich ziehen kann, erwies sich jüngst bei der Einführung des Euro: »Die Geschwindigkeit, mit der die Währungsumstellung bewerkstelligt wurde, zeigt die Begeisterung der Bürger für das neue Geld«, erklärte die EU-Kommission am 6. Januar 2002. Die seriöse »Tagesschau« schloß aus der Tatsache, daß einige Tage nach Ausgabe der ersten neuen Scheine die Nachfrage nach dem Euro »unvermindert« anhielt, auf Euphorie der Bevölkerung.

Was für ein Quatsch! Fast alle erwachsenen Bundesbürger beschaffen sich im Laufe ihres Lebens einen Personalausweis oder einen Paß. Das hat noch niemand zu Unterstellungen hinsichtlich der Gefühlslage veranlaßt, mit der diese Dokumente entgegengenommen werden. Wer den Tank seines Autos mit Benzin füllt, muß diese Flüssigkeit nicht lieben. Im allgemeinen wird vielmehr zu Recht davon ausgegangen, daß sich Leute die Dinge eben beschaffen, die sie zur Bewältigung ihres Alltags benötigen. Ohne allzu viele Emotionen darauf zu verschwenden.

Seit Jahresbeginn gehört der Euro zu diesen Dingen. Es wäre wenig sinnvoll gewesen, gegenüber dieser Währung eine Verweigerungshaltung einzunehmen. Der Wunsch, sich möglichst schnell mit dem neuen Zahlungsmittel zu versorgen, zeugt zunächst einmal von nichts anderem als von einem pragmatischen Umgang mit dem Unabänderlichen.

Nun spricht tatsächlich einiges dafür, daß viele derjenigen, die noch vor kurzem die neue Währung ablehnten, ihre Haltung ändern werden. Wenn eine als dramatisch empfundene Umstellung nicht sogleich weithin befürchtete Nachteile mit sich bringt – wie im vorliegenden Fall beispielsweise eine allgemeine Teuerung –, dann schwächt schon allein die Erleichterung darüber den anfänglichen Widerstand. Latente Skepsis hält sich allerdings länger. Sie gleicht einem Schwelbrand, der jederzeit neu entflammen kann. Sollte der Euro ins Trudeln geraten, dann werden sich viele seiner ursprünglichen Gegner ihrer einstigen Position erinnern. Kommentatoren dürften das dann einen »überraschenden Stimmungsumschwung« nennen.

Wenn ein schleichender Prozeß plötzlich in einen spektakulären Höhepunkt mündet, dann fällt regelmäßig ein gleißendes Licht auf bestehende Informationsdefizite. Die Einsicht, wie wenig die Bevölkerungsmehrheit in westlichen Industriestaaten eigentlich über den Islam weiß, zog nach dem 11. September 2001 eine Fülle eilends veröffentlichter Bücher und seitenlanger Pressedossiers nach sich. Aber das Interesse war kurzlebig. Nur wenige Wochen nach den Anschlägen in New York und Washington war das Thema »durch«. Die Beschleunigung der Massenkommunikation führt im Nachrichtengeschäft zu einer merkwürdigen Gleichsetzung der Begriffe »alt« und »veraltet«. Deshalb gilt Helmut Kohl inzwischen wieder als geeignet, für die CSU den Münchner Kommunalwahlkampf zu eröffnen, und jeder, der heute noch die Namen der anonymen Spender wissen will, als ewiggestrig.

Die Halbwertszeit von Nachrichten wird kürzer, das Publikum ist schnell gelangweilt. Das verschafft jeder Regierung einen unschätzbaren Vorteil gegenüber der Opposition: Da sie das Heft des Handelns in der Hand hat, kann sie erheblich leichter als ihre Gegner neue Themen auf die Tagesordnung setzen und so den Wunsch der Öffentlichkeit nach politischer Unterhaltung befriedigen. Wenn sie außerdem noch die Macht von Fernsehbildern für sich zu nutzen versteht, gelingt es ihr gelegentlich sogar, ein Meinungsklima zu erzeugen, das den realen Fakten diametral entgegensteht. Früher nannte man diesen Vorgang »Manipulation«. Auch so ein altes und veraltetes Wort.

Ein besonders eindrucksvolles Beispiel dafür ist die militärische Komponente im Kampf gegen den internationalen Terrorismus. Ende vergangenen Jahres, als Gerhard Schröder die Bitte um Zustimmung zu (fast) weltweiten Einsätzen der Bundeswehr mit der Vertrauensfrage verband, galten all jene als ideologisch verbohrte Sturköpfe, die dieser Form der Verbrechensbekämpfung kritisch gegenüberstanden. Warum noch über den Krieg streiten, wo doch gerade erst in Afghanistan ein wunderbarer Friede erkämpft worden war!

Nur wenige Wochen später war die verfrühte Begeisterung verflogen. Die anhaltenden US-Bombardements in Afghanistan ließen die Erfolgsmeldungen als übertrieben erscheinen. Hilfsorganisationen wiesen darauf hin, daß die Gefahr einer humanitären Katastrophe entgegen offiziellen Verlautbarungen aus Washington keineswegs gebannt sei – und daß vor allem Sicherheitsprobleme einer ausreichenden Versorgung der Zivilbevölkerung im Wege stünden. Darüber hinaus wuchs die Angst vor neuen kriegerischen Auseinandersetzungen, sei es in Somalia oder im Irak, ebenso wie die Sorge, ganze Weltregionen könnten durch die massive Präsenz westlicher Militärs weniger eingeschüchtert als vielmehr destabilisiert werden.

Auch die Folgen und die Rahmenbedingungen der militärischen Bekämpfung des Terrorismus sind heute noch unabsehbar. Allerdings spricht vieles – wie zum Beispiel die gescheiterte Biowaffenkonferenz und die einseitige Aufkündigung des ABM-Vertrages – bereits jetzt gegen die anfängliche Hoffnung der europäischen Nato-Länder, die Vereinigten Staaten müßten nun endlich erkennen, daß sie auch im eigenen Interesse auf Verbündete angewiesen seien. Offenbar ist das Gegenteil der Fall.

Statt einen weithin erwarteten Kurswechsel einzuleiten, scheinen die USA sich vielmehr in ihrem seit Jahrzehnten verfolgten außenpolitischen Kurs bestätigt zu sehen, der die Sicherung ihrer Energieversorgung in den Mittelpunkt ihrer Aktionen rückt. Vom Kampf gegen den Terrorismus läßt sich das schon allein deshalb nur schwer trennen, weil dieser seinen besten Nährboden ausgerechnet in einem für die Verteilung der globalen Ressourcen strategisch besonders wichtigen Gebiet findet: der arabischen Welt.

Man mag die Verfolgung ausschließlich eigener Interessen als Richtschnur außenpolitischen Handelns für legitim halten, auch mag man den Einsatz kriegerischer Mittel – wieder einmal – für eine konsequente Fortführung der Diplomatie halten. In einem Staat, der demokratischen Grundsätzen verpflichtet ist, müßte darüber allerdings wenigstens offen diskutiert werden. Aber in einer Gesellschaft, deren politische Regeln weitgehend durch die Massenmedien definiert werden, können sich die Verantwortlichen einer derartigen Anforderung leicht entziehen.

In Deutschland tun sie es gerade. Die Debatte darüber, ob sich das altmodische Mittel der traditionellen Kriegführung gegen einen einzelnen Staat überhaupt zur Bekämpfung des internationalen, grenzüberschreitend agierenden Terrorismus eignet, wird vermieden. Sie ist alt – also veraltet. Statt dessen werden Emotionen mit Hilfe von Bildern erzeugt: Wir bekommen keine Aufnahmen getöteter Zivilisten zu sehen, die völkerrechtlich geächteten US-Streubomben zum Opfer fielen. Stattdessen dürfen wir im Fernsehen verfolgen, wie sich deutsche Marinesoldaten für einige Monate von ihren Freundinnen verabschieden. Offiziere teilen uns in Interviews mit, was für ein großes Opfer es für ihre Untergebenen bedeutet, bis zu einem halben Jahr lang ohne das gewohnte soziale Umfeld auskommen zu müssen.

Wenn unsere Ahnen das Geschehen auf der Erde verfolgen können: die Feldherren unter ihnen müssen ihre Kollegen von heute um die Möglichkeiten der Einflußnahme auf die öffentliche Meinung beneiden! In der gebundenen Ausgabe dieses Buches habe ich dem Kosovo-Krieg ein ganzes Kapitel gewidmet, veranlaßt durch die Sorge, die aus meiner Sicht bedrohliche Militarisierung der Außenpolitik könne weiter voranschreiten. Dennoch habe ich mir vor zwei Jahren nicht vorstellen können, als wie berechtigt sich diese Sorge erweisen sollte. Manches scheint sich eben doch zu ändern. Auch innerhalb relativ kurzer Zeit.

Berlin, den 9.1.2002
Bettina Gaus

Ende des Streits

Was für ein zivilisiertes Land. Eine gepflegte, freundliche Angestellte der Bundestagsverwaltung hinter einem weißen Resopalschreibtisch händigt mir eine kleine Plastikkarte mit meinem Foto und meinem Namen aus. Unsere Bekanntschaft ist erst wenige Minuten alt, aber ihr genügen mein Paß und eine Bescheinigung meiner Arbeitgeberin, um mich als Parlamentsjournalistin zu akkreditieren. Keine Sicherheitskontrollen, kein Papierkrieg, keine unüberschaubare Fülle von Berechtigungsnachweisen.

Der erste Eindruck vom deutschen Parlamentsbetrieb nach siebenjährigem Auslandsaufenthalt in Afrika ist überwältigend. Mein Staat mißtraut mir nicht. Er geht nicht davon aus, daß ich das System zu unterwandern beabsichtige oder das Abgeordnetenhaus in die Luft sprengen will. Er begegnet mir gelassen, selbstbewußt und souverän.

In der kenianischen Hauptstadt Nairobi stehen Polizisten mit Maschinenpistolen vor jedem größeren Supermarkt. Am Sitz der deutschen Bundesregierung bewegen sich die Sicherheitskräfte selbst vor Kanzleramt und Parlament betont unauffällig. In Kenia wird der Verkehr eine Viertelstunde oder noch länger angehalten, wenn ein hochrangiger Politiker die Straße entlangfährt. In Bonn wurden die Autos allenfalls für die Kolonnen offizieller Staatsbesucher gestoppt, und auch dann dauerte der Aufenthalt kaum je länger als eine Ampelphase.

Manches deutet darauf hin, daß Berliner Polizisten derzeit noch ein wenig aufgeregter sind als ihre erfahrenen Kollegen aus dem Rheinland. 3500 Mann sind in der Hauptstadt für Personen- und Objektschutz eingeplant, eine Aufgabe, die vor dem Umzug von 700 Beamten bewältigt worden war. »Spaßig« fänden das seine Mitarbeiter, erzählt der Bonner Polizeipräsident in einem Interview mit der *taz*, und er empfiehlt: »Auch die Berliner Polizei muß Geduld und Gelassenheit trainieren.« Sie wird es schon noch lernen.

Jeden Tag nehmen mehrere hundert Männer und Frauen an Führungen durchs Parlament teil. Aus allen Bevölkerungsschichten, aus allen Altersgruppen. Wer die Besucher anschaut, weiß, wie lange sie sich schon im Regierungsviertel aufhalten. Etwas unsicher und voller Respekt nähern sich die meisten am Anfang ihrer Visite den noch unvertrauten Gebäuden. Nach kurzer Zeit, nach wenigen Stunden nur, wird der Schritt fester. »Hier wird auch nur mit Wasser gekocht«, sagt eine ältere Frau. Es hört sich zufrieden an. Der deutsche Staat und seine Institutionen bemühen sich nicht um Distanz. Was für ein zivilisiertes Land.

Zivilisiert, aber nicht gut gelaunt. Die öffentliche Diskussion verläuft ratlos und kleinmütig. Es gibt viele Beispiele für Geschwätzigkeit, aber noch mehr für beredtes Schweigen. Nach meiner Rückkehr aus Kenia 1996 fürchtete ich zunächst, den Anschluß an die Themen nur mühsam finden zu können, die hier Bevölkerung, Medien und Politiker beschäftigen. Überflüssige Sorge. Geredet wird über Randbereiche: Die Rechtschreibreform, das Kopftuch einer Lehrerin und das Ladenschlußgesetz müssen für Debatten über Untergang oder Fortbestand des christlichen Abendlandes herhalten. Die prononcierte Ansicht zu einer Grundsatzfrage scheint hingegen zu einem neuen Tabu geworden zu sein – einem der letzten, die es noch gibt.

Nicht die Kontroverse, sondern der Konsens ist das Zauberwort der Zeit. Nahezu alle Themen werden von führenden Politikern für zu wichtig erklärt, als daß sie zum Gegenstand politischer Auseinandersetzungen werden dürften. Das gilt für die Einführung der gemeinsamen europäischen Währung ebenso wie für die Zukunft der sozialen Sicherungssysteme und die Steuerreform. Je bedeutsamer politische Fragen sind, je mehr sie unmittelbar in das Leben der Bevölkerung eingreifen, in desto stärkerem Maße werden sie inzwischen dem Parteienstreit entzogen.

Das Verständnis von Politik hat sich in Deutschland in den letzten Jahren grundlegend verändert. Der parlamentarische Alltag stellt sich nicht mehr vorwiegend als Feld der Auseinandersetzung zwischen widerstreitenden Interessen dar. Vielmehr scheinen die Akteure von der Existenz einer objektiv »vernünftigen«, für alle gleichermaßen wünschenswerten Lösung überzeugt zu sein. Der politische Wettstreit beschränkt sich auf die Frage, wer dieser abstrakten Vernunft am nächsten kommt. Diese Sichtweise erklärt auch die drangvolle Enge in einer virtuellen »Neuen Mitte«, zu der nicht mehr allein die Volksparteien, sondern selbst kleinere Gruppierungen wie FDP und Bündnis 90/Die Grünen gerechnet werden wollen.

Gerhard Schröder hat dieser Wandel den Wahlsieg beschert. Er hat sich immer eher als Vermittler zwischen verschiedenen Positionen denn als Repräsentant einer bestimmten Haltung verstanden und erkennbar unter der Einsicht gelitten, daß dieses Amtsverständnis für die Kanzlerschaft nicht ausreichte. Noch in seiner ersten Regierungserklärung im November 1998 erweckt er den Eindruck, jede Meinung immer für genauso richtig oder falsch zu halten wie ihr Gegenteil. Nichts habe er gegen Eliten, so sagt er, aber es komme eben darauf an, was man unter Eliten verstehe. Angebots- und Nachfragepolitik seien kein Widerspruch. Sie stünden nicht für eine rechte oder linke Wirtschaftspolitik, sondern für eine moderne Politik der sozialen Marktwirtschaft.

Modern: Wem es gelingt, die eigenen Vorstellungen mit diesem Begriff zu besetzen, der hat den politischen Wettstreit schon gewonnen. Dabei gibt es doch kaum ein anderes Wort, das die Vergänglichkeit in gleichem Maße in sich trüge.

Die ungewohnte Verachtung der traditionellen demokratischen Streitkultur gehörte für mich bei meiner Rückkehr zu den überraschendsten Erfahrungen. Vieles hatte ich in Deutschland verpaßt und nur von außen verfolgen können: den Fall der Mauer, die ersten Jahre der deutschen Einheit, den schleichenden Wandel des öffentlichen Bewußtseins im Blick auf die Rolle des Militärs, die Hoffnung auf ein vereinigtes Europa. Ich hatte erwartet, daß die tiefgreifenden Veränderungen Gegenstand erregter Diskussionen sein würden und traditionelle Gräben zwischen verschiedenen politischen Lagern sich eher vertieft hätten als daß sie zugeschüttet worden wären. Was für eine Fehleinschätzung.

Im politischen Raum herrscht Sprachlosigkeit, und sie findet ihre Entsprechung in privaten Gesprächen. Engagierte Auseinandersetzungen über Themen, die über den unmittelbaren Lebensumkreis hinausreichen, werden anders als früher auch im persönlichen Umfeld gern vermieden. Heftige Diskussionen über ein Sachthema sind selten geworden. Statt dessen werden ironische Halbsätze und flüchtig hingeworfene Bemerkungen als Fühler ausgestreckt, mit denen geklärt werden soll, ob das Gegenüber die eigene Meinung teilt. Ist das nicht der Fall, wird das Thema eilig gewechselt. Gelegentlich entsteht der Eindruck, eine inhaltliche Kontroverse werde in Deutschland inzwischen für einen Hinweis auf Naivität oder für schlechte Erziehung gehalten.

Die Scheu ist weit verbreitet, sich mit engagiertem Einsatz für ein abstraktes Ziel lächerlich zu machen. Was geht eigentlich in einer Gesellschaft vor, die abfällige Sprachschöpfungen wie »Gutmenschentum« und »Gerechtigkeitsapostel« hervorgebracht hat? »Entschuldigen Sie, daß ich dieses Wort benutze«, sagt eine junge Frau im Gespräch. Dann verwendet sie zögernd den Begriff »Moral«.

Hier ist nur von den alten Bundesländern die Rede. Ostdeutschland hat bis heute einen geringen Einfluß auf den öffentlichen Diskurs in der Bundesrepublik. Welchen Regeln die Meinungsbildung dort folgt, ist für die meisten westdeutschen Politiker und Publizisten ein bis heute ungelöstes Rätsel. Größeres Interesse scheinen sie für die Frage allerdings auch nur dann aufbringen zu können, wenn es wieder einmal Anlaß gibt, nach den Gründen für die Wahlerfolge der PDS zu forschen.

In Kenia hat der Auftritt eines Rap-Künstlers aus den USA die Nation erregt. Da internationale Stars nur selten den Weg in afrikanische Staaten finden, war das Interesse aller Generationen und Bevölkerungsgruppen groß. Das Konzert enthielt Darbietungen, die in Nairobi in dieser Form noch nicht gesehen worden waren und die das Schamgefühl vor allem christlich-fundamentalistischer Kreise verletzten. Andere Gruppen der Bevölkerung sahen in dem Auftritt einen anregenden Impuls und forderten die Freiheit der Kunst.

Tagelang waren die Leserbriefspalten der großen Tageszeitungen voll mit einer öffentlichen Diskussion darüber, ob Moral, Tradition und Anstand durch ein derartiges Konzert verletzt würden oder nicht. Ein Kulturereignis führte zur kollektiven Selbstreflexion. Was müßte in Deutschland auf die Bühne oder ins Fernsehen gebracht werden, um eine solche Reaktion hervorzurufen? Nicht nur die inzwischen fast unüberschaubare Fülle des Angebots, sondern vor allem eine als Liberalität getarnte Abwehr gegen jeglichen Wertekanon erzeugt müde Gleichgültigkeit gegenüber allen Versuchen zu provozieren.

Dabei fehlt es ja auch hier nicht an klugen Analysen und streitbaren Positionen. Aber sie bleiben, zwischen Buchdeckeln abgelegt, in Zeitungsspalten gesetzt oder auf Podien vertreten, weitgehend folgenlos. Es gibt keine Publikation mehr, die »man« gelesen haben, keine Sendung, die »man« gesehen haben muß, kein Seminar, von dem »man« gehört haben muß, um mitreden zu können. Ich glaube nicht, daß sich diese Entwicklung auf ein insgesamt verringertes Interesse an öffentlichen Angelegenheiten zurückführen läßt. Die Institutionen jedoch, und das gilt vor allem für die Parteien, die eine gesellschaftliche Diskussion früher organisiert haben und als Sammelbecken jeweils unterschiedlicher Positionen dienten, erfüllen diese Rolle nicht mehr. Überlegungen, die keinen Widerhall in einer einflußreichen gesellschaftlichen oder politischen Kraft finden, mögen noch so interessant, bahnbrechend oder wegweisend sein. Sie werden den Lauf der Dinge nicht beeinflussen.

Aufschlußreich ist in diesem Zusammenhang eine häufige Reaktion auf das Buch, in dem der zurückgetretene SPD-Vorsitzende Oskar Lafontaine die Gründe für seinen Schritt erläutert hat. Gefragt und ungefragt bringen viele seiner Parteifreunde ihren Abscheu vor Lafontaines Vorgehen dadurch zum Ausdruck, daß sie versichern, das Werk unter keinen Umständen lesen zu wollen. Statt daß es ihnen ein Anliegen wäre, die darin enthaltene Position inhaltlich zu widerlegen.

Die Parteien agieren heute eher als Verwalter der Macht denn als Verfechter konkurrierender Staats- und Gesellschaftsmodelle. Das fällt bei SPD und Bündnis 90/Die Grünen stärker auf als bei den Unionsparteien und der FDP. Die haben den Vorteil, daß sie auch in der Vergangenheit weniger tiefgreifende politische Veränderungen wünschten als Grüne und Sozialdemokraten. Da dauert es dann ein bißchen länger, bis die programmatische Zaghaftigkeit ins öffentliche Bewußtsein dringt. Aber nur ein bißchen.

Die jüngere deutsche Geschichte spielt im Zusammenhang mit dem Ende des öffentlichen Streits eine große Rolle. Keiner von denen, die sich ernsthaft mit dem Thema befaßten, hat die Vereinigung der beiden deutschen Teilstaaten vorhergesehen, niemand hat den vollständigen Zerfall des Ostblocks ohne vorangegangenen Weltkrieg in der überschaubaren Zukunft für möglich gehalten. Das allein müßte eigentlich Grund genug sein, um an die wenigstens theoretische Möglichkeit zu glauben, gesellschaftliche Veränderungen ließen sich herbeiführen und Politik habe etwas mit Gestaltung zu tun, nicht nur mit bloßer Reaktion auf vermeintliche Sachzwänge.

Das Gegenteil ist der Fall. Die völlige Umwälzung der globalen und der nationalen Verhältnisse hat die öffentliche Diskussion hier eben nicht belebt, sondern verstummen lassen. Es war für mich seltsam, diese Entwicklung in Deutschland nach den Jahren in Afrika zu beobachten. Dort hat die Veränderung der Weltlage eine ganz andere Wirkung gezeigt.

Als ich 1989 nach Kenia ging, wo ich als Korrespondentin für Ost- und Zentralafrika gearbeitet habe, stand der Zusammenbruch des Ostblocks unmittelbar bevor. Die ehemaligen Weltmächte hatten Afrika untereinander in Einflußzonen aufgeteilt. Das führte dazu, daß Diktatoren von kritischen Fragen hinsichtlich der inneren Verhältnisse ihrer Länder weitgehend unbehelligt blieben, so lange sie in Treue fest zum jeweiligen Bündnispartner standen.

Das Ende der bipolaren Welt bedeutete auch das Ende der Einflußzonen und von Stellvertreterkriegen im Namen der Weltmächte. Seit Afrika kein Zankapfel mehr im Wettstreit der Systeme ist, verlieren die Industrieländer in schwindelerregendem Tempo das Interesse. So laut dies vielerorts in Afrika auch beklagt wird, so groß ist andererseits das Gefühl der Befreiung, das die Entwicklung ausgelöst hat. Viele Bewohner des Kontinents glauben, zum ersten Mal in dessen geschriebener Geschichte, über ihre Zukunft selbst entscheiden zu können.

Es läßt sich leicht sagen, daß diese Hoffnung trügerisch ist und man doch nur nach Somalia, nach Ruanda oder in eines der vielen anderen Länder blicken müsse, die von Bürgerkriegen, Korruption und Wirtschaftsproblemen ruiniert worden sind, um die Naivität jeglichen afrikanischen Fortschrittsglaubens zu erkennen. Wer so argumentiert, scheint die Geschichte der Französischen Revolution und der Demokratisierung Europas für vergleichbar zu halten mit einem Ostermarsch. Tiefgreifende Umwälzungen verlaufen selten unblutig und niemals ohne folgenschwere Fehler. Letzteres zeigt sich auch an der Geschichte der deutschen Einheit.

In Somalia gibt es seit dem Sturz des Diktators Siad Barre 1991 keine Zentralregierung mehr. Der Versuch einzelner Gemeinden dort, staatliche Institutionen durch lokale, selbstverwaltete Einrichtungen zu ersetzen, würde Politologen weltweit faszinieren – lägen diese Gemeinden nicht ausgerechnet in einem afrikanischen Land. Intellektuelle am Horn von Afrika denken über die Chancen eines grenzüberschreitenden Wirtschaftsraumes nach europäischem Vorbild nach. Die Politik der Rassentrennung in Südafrika gehört der Vergangenheit an. Auf dem ganzen Kontinent südlich der Sahara sind seit dem Ende des Kalten Krieges Hunderttausende auf die Straße gegangen, um – oft verbunden mit hohem persönlichen Risiko – für demokratische Reformen zu streiten.

Es ist wahr: Die Erfolge waren bisher gering, aufs Ganze betrachtet. Schuldenberge, ethnische Konflikte, korrupte, machtgierige Potentaten, die sich auf übermächtige Militärapparate stützen, soziales Elend, mangelhafte Bildungschancen, eine schauerlich aufgeblähte und ineffiziente Verwaltung: als verlorener Kontinent ist Afrika in den letzten Jahren mehrfach bezeichnet worden. Nun ja. Dessen Einwohner können die Probleme noch nicht allein deshalb zu den Akten legen, weil der Rest der Welt ein passendes Etikett für sie gefunden zu haben scheint. Niemand dort käme auf die Idee, Schwierigkeiten und eine veränderte Weltlage als Begründung heranzuziehen, um das Ende der Utopien auszurufen.

In Deutschland schon. Die Wiedervereinigung hat nicht zu einem tieferen Vertrauen in die Kraft von Visionen geführt, sondern führende Publizisten und Politiker veranlaßt, konkrete Vorstellungen, die über den Tag hinaus reichen, ersatzlos über Bord zu werfen. Bis heute scheint der Schock nicht überwunden zu sein, daß alle Sachkenntnis versagt hat, daß ein Heer von Experten völlig ahnungslos war hinsichtlich der realen Zustände im Ostblock und daß somit auch alle Prognosen über die Zukunft mit einem Schlag zur Makulatur wurden.

Unter der daraus entstandenen tiefen Verunsicherung leiden nicht nur die Anhänger des traditionellen linken Spektrums, die lange die moralisch höherwertige Position für sich in Anspruch genommen haben und sich auf einmal jäh von der Rolle der Ankläger in der Rolle der Angeklagten wiederfanden. Auch die Konservativen hatten ja die Entwicklung nicht vorhergesehen und müssen sich jetzt außerdem mit der Erkenntnis auseinandersetzen, daß die Welt nach dem Ende des Kommunismus weder friedlich noch gerecht geworden ist. Die Aufgabe, alte Visionen den veränderten Gegebenheiten anzupassen, scheint beide Lager gleichermaßen zu überfordern.

Die beharrliche Demonstration prinzipieller parteiübergreifender Übereinstimmung in allen wesentlichen Fragen hat weitreichende Folgen. Was noch vor ein paar Jahren wie ein zwar bedauerliches, aber hinnehmbares Defizit an politischer Repräsentanz gewertet werden konnte, droht mittlerweile zu einer Legitimitätskrise und damit zu einer Krise des Systems insgesamt zu werden.

Etwa ein Drittel der deutschen Bevölkerung hielt die Bombardierung Jugoslawiens durch die Nato vom ersten Tage an für falsch, und die Zahl der Skeptiker wuchs, je länger der Krieg dauerte. Im Parlament sahen sie sich mit dieser Position nur von der PDS vertreten, mit der viele Nato-Kritiker in anderen Fragen nichts verbindet, und von einigen Abweichlern in den Regierungsfraktionen.

Für Bündnis 90/Die Grünen wurde der Kosovo-Krieg zur Zerreißprobe, an der die Partei zu zerbrechen drohte. Nachdem jedoch eine Mehrheit der Delegierten auf einem Sonderparteitag prinzipielle Unterstützung für den Kurs der Bundesregierung abgeliefert hatte, war das Thema im öffentlichen Raum erledigt. Das hat möglicherweise zahlreiche Anhänger der Grünen ebenso nachhaltig verärgert wie der Verstoß gegen das Wahlprogramm, das Militärinterventionen ohne UN-Mandat ausgeschlossen hatte. Sichere quantitative oder qualitative Aussagen lassen sich nicht treffen. Es wird ja nicht darüber gesprochen.

Nun grübelt also die bündnisgrüne Führungsspitze nach jeder verlorenen Landtagswahl aufs neue darüber nach, warum die Stammwähler wohl zu Hause geblieben sind, und verspricht, jetzt aber wirklich das politische Profil zu schärfen. Einfach wird das nicht werden – jedenfalls nicht, so lange es den Grünen ein besonderes Anliegen ist, auch bei jenen 90 Prozent der Bevölkerung um Zustimmung und Akzeptanz zu werben, die nie in Versuchung waren, diese Partei zu wählen.

Ein großer Teil der Deutschen stand der Einführung des Euro skeptisch oder sogar ablehnend gegenüber. Auch sie sahen sich im Parlament nur von einer verschwindend kleinen Minderheit repräsentiert. Bedenklicher noch: Eine breite Front von Abgeordneten aus Regierung und Opposition erklärte diese Position nicht etwa nur für sachlich falsch, sondern schlug sie mit irrationalem Pathos in Acht und Bann.

Möglich, daß die Entscheidung für den Euro im historischen Rückblick tatsächlich ungewöhnlich weise und vorausschauend erscheinen wird. Aber auch wenn das so sein sollte, rechtfertigt es noch nicht die kollektive Vermeidung einer anderen zentralen Frage: Wie groß darf die Distanz zwischen Regierenden und Regierten in einer Demokratie sein? Das sichere Bewußtsein, am besten zu wissen, was gut ist fürs Volk, ist früher nicht für ein konstituierendes Merkmal dieser Staatsform gehalten worden.

Der damalige Bundeskanzler Helmut Kohl sagt im Mai 1997 zur Einführung der gemeinsamen europäischen Währung im Bundestag, sie sei »eine historische Chance. Und wer das nicht begreift, dem ist sowieso nicht zu helfen.« Der SPD-Politiker Rudolf Scharping nennt den Euro »unverzichtbar für die dauerhafte Sicherung von Frieden«. Bricht andernfalls Krieg aus in der Europäischen Union? Helmut Lippelt von Bündnis 90/Die Grünen erklärt zum Thema: »Den Terminplan in Frage zu stellen, bedeutet die europäische Katastrophe.« Ein derartiger Satz beendet jede Diskussion.

Es sei daran erinnert: Nicht die unveräußerlichen Grundrechte standen zur Disposition. Thema der Parlamentsdebatte waren nicht die Würde des Menschen oder dessen Recht auf Leben und Freiheit. Um Wirtschaftspolitik ging es, also um ein seiner Natur nach eher nüchternes Thema, und da in Sonderheit um eine Frage, über die Fachleute überaus geteilte Meinungen artikuliert hatten.

Ohnehin verlagern sich Diskussionen von allgemeinem öffentlichen Interesse in steigendem Maße exklusiv in die Kreise der Experten hinein. Es werden nicht nur immer mehr Themen als ungeeignet für den Wahlkampf bezeichnet, sie gelten darüber hinaus als so komplex, daß sie lediglich von einer kleinen Zahl Eingeweihter erörtert werden können und sich dem Urteil der breiten Masse entziehen. Die breite Masse: Das sind nicht nur die Wähler, sondern auch die Gewählten.

Viele Abgeordnete begnügen sich damit, selbst in Kernbereichen der Politik ihren politischen Sachverstand an die Kollegen zu delegieren, die für das jeweilige Fachgebiet als zuständig gelten. Ein Mitglied der rot-grünen Bundesregierung zieht im Gespräch eine Bilanz des ersten Jahres im Amt und erzählt durchaus glaubhaft von inneren Konflikten im Zusammenhang damit, daß dieses Kabinett über die erste deutsche Beteiligung an einem internationalen Militäreinsatz zu entscheiden gehabt habe.

Das war nun aber gar nicht der Fall. Bei dem in Rede stehenden Kosovo-Krieg handelte es sich keineswegs um den ersten Auslandseinsatz der Bundeswehr. Darauf hingewiesen, kommt die Antwort: »Na ja, ich meinte den ersten Kampfeinsatz.« Wieder daneben. Die Deutschen waren bereits in Bosnien an einem Kampfeinsatz beteiligt. Es war eine andere Premiere, die mit den Nato-Angriffen auf Jugoslawien stattgefunden hat: Zum ersten Mal hatte die UNO für eine internationale Militärintervention, an der sich die Bundeswehr beteiligte, kein Mandat erteilt.

Wahrscheinlich wäre dies der politischen Führungskraft bei längerem Nachdenken auch noch eingefallen. Aber sie betrachtete es erkennbar gar nicht als ihre Aufgabe, auf

Anhieb exakt die besondere Problematik dieses Krieges definieren zu können. Dafür waren andere zuständig. Gewissensnöte ohne näheres Interesse: da nimmt es dann nicht wunder, daß diejenigen, die unbestreitbar die politische Verantwortung für den Bundeswehreinsatz trugen, im Parlament weitgehend mit Appellen an Gefühle auskamen. Sachlichkeit war gar nicht gefragt.

In schwindendem Maße trauen sich Parlamentarier ein Urteil in Fragen zu, die über ihr unmittelbares Spezialgebiet hinausreichen. Das Vertrauen auf die Fachleute und die Anbetung des Götzen Sachzwang führt dazu, daß sie die Institution selbst entmachten, die sie repräsentieren. 1994 hat der Bundestag dem Vertrag über den deutschen Beitritt zur Welthandelsorganisation WTO zugestimmt, ohne daß die meisten Abgeordneten vorher Gelegenheit gehabt hatten, das Dokument im Wortlaut kennenzulernen. Noch an dem Montag, an dem der Ältestenrat überraschend die Abstimmung als ergänzenden Punkt in eine für Mittwoch vorgesehene allgemeine Wirtschaftsdebatte eingefügt hatte, lag lediglich eine Teilübersetzung des Gesamttextes vor. Das hat die Entscheidung nicht verzögert. Innenpolitisch war der Beitritt zur WTO nicht umstritten, weil der Bundestag über seine Folgen ohnehin nicht öffentlich debattiert hatte – im Gegensatz zum US-Kongreß, wo das Thema über Wochen hinweg Gegenstand einer erbitterten inhaltlichen Kontroverse gewesen war. Die Zustimmung zum WTO-Beitritt barg vor diesem Hintergrund kein persönliches Risiko für die deutschen Abgeordneten im Blick auf das Meinungsklima. Sachlich wurde die Eile mit dem deutschen Interesse an einer Mitgliedschaft in der WTO von Januar 1995 an begründet. Dessen Stellenwert konnten nur die Experten beurteilen. In derartigen Fällen wird die Fraktionsdisziplin vom Zwang zur Krücke.

Auch in einer meinungsfreudigen, politisch lebendigen Gesellschaft läßt sich nicht vermeiden, daß Sachverständige großes Gewicht beim Prozeß der Meinungsbildung gewinnen. »In einer arbeitsteiligen Organisation ist man darauf angewiesen, den Spezialisten zu vertrauen und danach zu urteilen, was die jeweiligen Spezialisten für das betreffende Arbeitsgebiet in der Fraktion dazu vorgetragen haben. Politik ist nicht nur Einzelleistung, sondern Teamarbeit«, schreibt der FDP-Abgeordnete Burkhard Hirsch in der Wochenzeitung *Freitag*. Zugleich aber weist er in dem Artikel darauf hin, wie eng der Spielraum des einzelnen Abgeordneten tatsächlich ist: »Ein Abgeordneter, der sein Gewissen an der Garderobe abgibt, gehört nicht in ein Parlament. Wer sich allerdings ständig auf sein Gewissen beruft, signalisiert gleichzeitig ständige Niederlagen, er kann sich offenbar mit seinen Ansichten nicht durchsetzen. Mit Unterstützung in der Öffentlichkeit kann er nicht rechnen: Dieselben Bürger, die aufrechte Abgeordnete sehen wollen, höhnen über einen ›zerrissenen Haufen, der nicht weiß, was er will‹. Eine Regierung, die ›ihre‹ Abgeordneten nicht zusammenhält, verliert ›ihre Handlungsfähigkeit‹.«

Seit einigen Jahren gibt es eine neue Rechtfertigung für die Einschränkung der Autonomie einzelner Abgeordneter. Immer wieder ist der Hinweis zu hören, angesichts der wachsenden Einbindung der Nationalstaaten in supranationale Organisationen wie Nato und Europäische Union und angesichts der kaum noch überschaubaren Sachzwänge, die die Entwicklung der globalen Wirtschaft mit sich brächte, werde auch der Handlungsspielraum der einzelnen Regierungen immer kleiner und die Komplexität von Detailproblemen sei tatsächlich nur noch von Fachleuten zu überblicken.

Das Argument ist nicht von der Hand zu weisen und zeugt dennoch von einer seltsamen Interpretation der jüngeren Geschichte. Gerade in den Beziehungen zum Rest der Welt hatten auch die Vorgänger der Politiker von heute Faktoren zu berücksichtigen, die zwar anders gelagert, aber keineswegs weniger sensibel oder problematisch gewesen sind. Das galt sowohl für die Westbindung der Bundesrepublik, die

Konrad Adenauer herbeigeführt hat, als auch für die Ostpolitik von Willy Brandt und für das »Zehn-Punkte-Programm« von Helmut Kohl für die deutsche Einheit.

Seit dem Ende des Zweiten Weltkrieges hingen Erfolge der bundesdeutschen Außenpolitik stets auch davon ab, ob sich die jeweilige Regierung den Interessen stärkerer Mächte anzupassen verstand. Das war früher nicht anders als heute. Aber in früheren Jahrzehnten ist diese Anpassung nicht mit Vasallentreue verwechselt worden. Es galt, eigene Wünsche zu definieren und günstige Gelegenheiten zu ergreifen. Konrad Adenauer, Willy Brandt und Helmut Kohl haben das getan. Gerhard Schröder bisher nicht. Niemals sei die Bundesrepublik »wirklich in der Lage gewesen, in vollem Umfang souverän Außenpolitik betreiben zu können«, schreibt der Historiker Gregor Schöllgen in seinem Buch »Die Außenpolitik der Bundesrepublik Deutschland«. Ängste und Warnungen vor einem deutschen Sonderweg, die mittlerweile als alleinige Begründung für außenpolitische Entscheidungen als hinreichend erachtet werden, mußten auch die Kanzler der Vergangenheit in Rechnung stellen.

Brandt ließ seinen Unterhändler Egon Bahr die Möglichkeiten eines deutsch-sowjetischen Gewaltverzichts sondieren und nahm dafür Mißtrauen in Ost und West in Kauf. Adenauer wurde vom SPD-Oppositionsführer Kurt Schumacher im Parlament mit einem Zwischenruf beschimpft, der in die Geschichte eingegangen ist: »Der Bundeskanzler der Alliierten!« Um den heute längst vergessenen Streit über den Eintritt der Bundesrepublik in die Internationale Ruhrbehörde ging es in der Bundestagsdebatte vom November 1949 – und um weit mehr: um das gesamte Konzept der Westbindung.

Es spielt in diesem Zusammenhang keine Rolle, ob Adenauer damals tatsächlich eine Wahl gehabt hat. Bis heute ist unter Forschern der Streit darüber nicht entschieden, was von den Stalin-Noten des Jahres 1952 an die Westmächte und auch von früheren Angeboten des DDR-Ministerpräsidenten Otto Grotewohl zu halten war, die ein neutrales

Gesamtdeutschland zum Ziel hatten. Wesentlich aber ist, daß die politisch Handelnden damals eine Wahl zu haben glaubten. Woran ist dieser Glaube später zerbrochen?

Ein alleiniger Atomausstieg der Bundesrepublik sei unsinnig, so lange andere Länder sich weiterhin der Kernenergie bedienten, heißt es. Oder: So lange bestimmte Steuern und Abgaben nicht europaweit eingeführt seien, ließen sie sich nicht durchsetzen und führten nur zu Kapitalflucht. Und: Wenn Deutschland keine Panzer in die Türkei liefert, dann besorgt sich Ankara die Waffen eben woanders. Als ob das konkrete Handeln eines wichtigen Industriestaates völlig folgenlos bliebe für den Rest der Welt.

»Das machen doch alle.« Eltern lassen ihren Kindern dieses Argument als Begründung für Fehlverhalten im allgemeinen nicht durchgehen. Von Politikern benutzt, bleibt der Bevölkerung nichts anderes übrig, als es hinzunehmen. Immer häufiger werden Abwandlungen dieses Satzes zur Rechtfertigung für umstrittene Entscheidungen oder völlige Tatenlosigkeit herangezogen.

Gewiß, auch heute noch sind deutsche Politiker außenpolitisch zu leidenschaftlichem Engagement fähig. Gegenüber der finnischen EU-Ratspräsidentschaft wird eine Politik des leeren Stuhls praktiziert, wenn Deutsch nicht als offizielle Konferenzsprache anerkannt wird. Ein seltsames Anliegen in einer Zeit, in der bei anderen Gelegenheiten die Zwänge der Globalisierung und die immer kleiner werdende Welt als Rechtfertigung für jegliches Tun und Lassen der Regierenden herangezogen wird. Wäre es nicht vielleicht besser, Englisch zu lernen?

In Afrika wird der Wunsch nach Privilegierung bestimmter Ethnien in Vielvölkerstaaten als Tribalismus bezeichnet, deutsche Leitartikler benutzen in diesem Zusammenhang gerne den Begriff »Stammesdenken«. Warum wird bei der Europäischen Union eigentlich nicht auch flämisch als Konferenzsprache eingeführt? Oder sind nur den Repräsentanten aus Großdeutschland Verhandlungen in einer Fremdsprache nicht zuzumuten? So viel Einsatz wäre einer besseren Sache wert.

Anders als ihren europäischen Kollegen ist den meisten deutschen Politikern jene Fähigkeit verloren gegangen, die Repräsentanten einer Demokratie vielleicht am dringendsten benötigen: komplexe Zusammenhänge so auf ihren Kern zu reduzieren, daß ihr Wesensgehalt nicht verloren geht und sich auch diejenigen ein Urteil bilden können, die nicht beruflich mit Politik befaßt sind.

»Ich habe Probleme mit bloßer Symbolpolitik«, sagt Rezzo Schlauch, der Fraktionsvorsitzende von Bündnis 90/die Grünen, in einem Interview auf die Frage, ob eine Vermögensabgabe für Reiche für mehr soziale Gerechtigkeit sorgen könne. Wenn Schlauch die Antwort ernst gemeint hat, dann hat er seinen Beruf verfehlt. Politik ohne Symbolik wird nicht Politik genannt, sondern Verwaltung. Mit dem gern erhobenen Vorwurf des Populismus hat das nichts zu tun. Populistisch wird ein von Demokraten benutztes politisches Symbol erst dann, wenn denjenigen, die sich dahinter versammeln, das politische Koordinatensystem fehlt, in das sich das Symbol einfügt. Da besteht in der Tat derzeit ein Problem.

Wie gering das Zutrauen der politischen Klasse in ihre Möglichkeiten der Gestaltung heute im Vergleich zu früher ist, zeigte sich nach dem Regierungswechsel 1998 nicht zuletzt am Umgang mit der Ministerialbürokratie. Hier ergibt sich ein völlig anderes Bild als zu der Zeit des Amtsantritts von Willy Brandt. Die Klage darüber, daß an den Schlüsselstellen der Apparate nach den langen Jahren einer unionsgeführten Koalition überwiegend konservativ orientierte Beamte saßen, hatte sich wie ein roter Faden durch Brandts erste Amtsjahre gezogen. Dieses als ernstes Hindernis für die Regierungsarbeit zu bezeichnen, bedeutet nicht, den Betreffenden zugleich ihre Professionalität abzusprechen. Es trägt lediglich der Tatsache Rechnung, daß die politische Weltsicht nicht ohne Einfluß auf die Arbeit mit politischen Themen bleibt – übrigens umso mehr, je engagierter ein Beamter ist.

Die rot-grüne Bundesregierung scheint damit dennoch kein Problem gehabt zu haben, und falls doch, dann haben ihre Mitglieder es jedenfalls nicht öffentlich thematisiert. Ganz im Gegenteil: Nicht müde wurden die Minister, die große Loyalität und Sachkenntnis der Spitzenbeamten zu loben, die sie in ihren jeweiligen Ministerien vorfanden. (Was haben sie eigentlich erwartet?) Zwar wurden viele der im Zusammenhang mit einem Regierungswechsel üblichen Entlassungen und Umbesetzungen vorgenommen. Zugleich aber wurde mit der Personalpolitik auch und vor allem die Absicht demonstriert, Kontinuität zu wahren.

Verteidigungsminister Rudolf Scharping übernahm mit Peter Wichert einen Staatssekretär von seinem Vorgänger. Walter Riester behielt Werner Tegtmeier in derselben Funktion im Arbeitsministerium. Oskar Lafontaine war sich mit seinem Nachfolger Hans Eichel und mit seinem Vorgänger Theo Waigel zumindest in einem Punkt einig: daß nämlich Manfred Overhaus dem Finanzministerium als Staatssekretär erhalten bleiben sollte.

Nun mögen alle diese Männer ungewöhnlich qualifizierte Fachleute sein, und es ist verständlich, daß die Neulinge auf ihren Sachverstand ungern verzichten wollten. Wenn aber so viele Mitglieder einer neuen Regierung die wichtigsten Posten, die sie besetzen könnten, nicht tatsächlich selbst besetzen, dann nährt das den Verdacht, sie hingen einer eher technokratisch als politisch orientierten Betrachtungsweise staatlichen Handelns an.

Die Minister folgen damit der Linie des Kanzlers. Nichts solle anders, aber vieles besser werden, hatte Gerhard Schröder im Wahlkampf gesagt. Er hat also keinen Politikwechsel angekündigt, sondern ein Versprechen gegeben, das einer religiösen Heilsverheißung gleicht. Es fällt schwer zu entscheiden, was größeres Unbehagen hervorruft: der in dem Satz enthaltene individuelle Größenwahn oder seine programmatische Bescheidenheit. Geschadet hat Schröder beides nicht.

Im Gegenteil. Seine Neigung, Konflikte lieber zu moderieren als dazu Stellung zu beziehen, kommt dem Zeitgeist entgegen: so lange jedenfalls, wie die Lösung eines Problems vertagt werden kann. Dann allerdings stellt sich heraus, daß die Hoffnung auf Entscheidungen, denen alle Betroffenen zustimmen können, im Regelfall unrealistisch ist – auch wenn sie ausgerechnet jene hegen, die sich gerne mit dem Etikett der »Pragmatiker« beschreiben lassen.

Den nationalen Konsens als Wert an sich zu betrachten, war früher tendenziell demokratiefeindlichen Teilen der Bevölkerung vorbehalten. Aus Afrika kommend, hört sich der Wunsch danach seltsam vertraut an. Alleinherrscher in Einparteiensystemen haben dort immer wieder behauptet, eine Legalisierung der Opposition widerspreche traditionellen Werten des Kontinents. Die afrikanische Gesellschaft als Ganzes sei auf Konsens angelegt, deshalb müßten alle Forderungen nach einem Mehrparteiensystem als westlicher Importartikel zurückgewiesen werden.

Westlicher Import? Von wegen. Die Parteien in Deutschland sind gerade dabei, sich ganz ohne Hilfe von Diktatoren selbst ihrer ursprünglichen Bedeutung zu berauben und überflüssig zu machen. Wer sie beobachtet, für den gewinnt das alte Wort vom »Wandel durch Annäherung« eine neue Bedeutung. Eine Zeitlang verschleierte der Finanzskandal der CDU ein wenig, wie ähnlich die Parteien einander längst geworden sind. Dabei ging es in diesem Zusammenhang doch lediglich um rechtswidrige Praktiken. Nicht aber um Inhalte.

Der SPD-Abgeordnete Walter Kolbow, inzwischen Staatssekretär auf der Hardthöhe, mahnte 1998 noch aus der Opposition heraus den »Konsens der Demokraten« sogar im Zusammenhang mit einem Streit über Rekrutengelöbnisse auf öffentlichen Plätzen an. Wer das System schon bei einem solchen Thema in seinen Grundfesten bedroht sieht, dem bleiben nicht mehr viele Möglichkeiten, sich politisch zu profilieren.

Dem ehemaligen SPD-Vorsitzenden Oskar Lafontaine ist im Zusammenhang mit seinem Widerstand gegen die Steuerreform der unionsgeführten Bundesregierung so häufig »Blockadepolitik« vorgeworfen worden, daß der Begriff als nicht länger erläuterungsbedürftiges Schlagwort Eingang in den Sprachgebrauch gefunden hat. Dabei haben er und seine Mitstreiter lediglich andere Vorstellungen als ihre Gegner hinsichtlich der Schwerpunkte gehabt, die steuer- und finanzpolitisch gesetzt werden sollten. Selbst wenn Lafontaine in erster Linie die Absicht verfolgt haben sollte, die Regierung zu lähmen, so hat er doch nichts anderes getan, als dieses Ziel mit den Mitteln durchzusetzen, die ihm vom föderalen System der Bundesrepublik geboten wurden. So weit, so unspektakulär.

Wer das Patt im Bundesrat und dessen Folgen für unerträglich hält, sollte nicht die Sozialdemokraten auffordern, ihre Meinung zu ändern, sondern muß eine Diskussion über eine möglicherweise notwendige Reform der bundesdeutschen Ausprägung des Föderalismus anstoßen. Das wäre aber wieder eines jener heiklen Themen, die nach Ansicht der überwältigenden Mehrheit der Berufspolitiker tabu zu sein haben. So bleibt es beim erwartungsgemäß folgenlosen Appell an den politischen Gegner, die eigene Position zu übernehmen.

Die Unionsparteien und die FDP sind nicht die einzigen, die bereits jeglichen Widerspruch gegen ihre Politik als systemwidrig bezeichnen. Auch die rot-grüne Bundesregierung erklärt die Koordinaten ihrer Steuer- und Finanzpolitik für »alternativlos«. Wenn das richtig wäre, gäbe es allerdings auch keinen Grund, diese Politik zu unterstützen. Dann müßten ja ohnehin die Repräsentanten aller Parteien zu denselben Maßnahmen greifen.

Das Bedürfnis nach Übereinstimmung, Gemeinsamkeit und Harmonie steht in eigentümlichem Gegensatz zu den großen Worten, derer sich Medien und Politiker bei der Beschreibung des Tagesgeschäfts bedienen. Denen zufolge geht es wild zu auf der politischen Bühne in Deutschland. Beinahe jede Woche finden Entscheidungsschlachten statt, bei denen hart attackiert und scharf geschossen wird. Das Pulver muß trocken gehalten werden. Gelegentlich ist es allerdings trotzdem verbraucht, vor allem dann, wenn ein Überraschungsangriff stattgefunden hat. Irgend jemand befindet sich immer im Fegefeuer oder liegt in einem Schützengraben. Ein anderer steht mit dem Rücken zur Wand und kämpft ums Überleben, während über seinem Kopf ein Damoklesschwert hängt. »Wir waren alle am Schwimmen in der eiskalten Grönlandsee, verfolgt von hungrigen Eisbären.« So schildert der deutsche Außenminister Joschka Fischer die erste Zeit nach dem Amtsantritt der rot-grünen Bundesregierung.

In anderen Branchen ist üblicherweise nicht von Eisbären und Grönlandsee die Rede, sondern von mißlichen Anlaufschwierigkeiten bei der Einarbeitung auf einem neuen Posten. Aber die politische Sprache kann gar nicht aufpeitschend genug sein. Je wolkiger Auskünfte zu konkreten Fragen der Tagespolitik ausfallen, desto melodramatischer wird das Gesamtszenario beschrieben und die Flammenschrift an der Wand beschworen. Es ist kein gekränkter Gott, der verhindert, daß diese gelöscht wird. Vielmehr folgen die Menetekel in so rascher Folge aufeinander, daß man mit dem Schwamm gar nicht nachkommt.

Vergebliche Mühe. Das Publikum ist zu oft mit letzten Schicksalsfragen und endgültigen Entscheidungen konfrontiert worden. Es wendet sich gelangweilt ab.

Die Beteiligung an Wahlen sinkt. Niemals zuvor in der deutschen Nachkriegsgeschichte haben Politiker und Parteien ein so geringes Ansehen genossen wie heute. Immer mehr Bürger drücken in Umfragen Mißtrauen, ja sogar Verachtung ihnen gegenüber aus, und diese Haltung begegnet auch denen, die sich gerne in der Rolle der Wächter sehen. Medien werden heute zwar mehr genutzt als früher, zugleich aber rangiert der Beruf des Journalisten im Ansehen auf einem der niedrigsten Ränge einer langen Liste möglicher Tätigkeiten.

Die Stimmungslage in der Bevölkerung entspricht der ihrer gewählten Vertreter. In ihrer Geringschätzung demokratischer Institutionen lassen sich diejenigen, die diese Institutionen repräsentieren, von niemandem übertreffen. Die Krise im Kosovo solle nicht Gegenstand von »kleinlichem Parteiengezänk« sein, mahnt der CSU-Vorsitzende Edmund Stoiber in einer Fernsehdiskussion und gibt damit zu erkennen, was er vom hierzulande üblichen Prozeß der demokratischen Willensbildung hält. Nichts.

Parteien sind nicht die einzigen Einrichtungen, denen in steigendem Maße Verachtung entgegenschlägt und die immer häufiger offen mißachtet werden. Außenminister Joschka Fischer verspricht im Herbst 1999 vor der UNO die deutsche Beteiligung am internationalen Militäreinsatz in Osttimor. Der Bundestag wird später nur noch pro forma befaßt und darf die Entsendung einiger Bundeswehrsanitäter abnicken. Bei der deutschen Zustimmung zum neuen Nato-Strategiekonzept, mit dem das Bündnis den Kern seiner Aufgaben deutlich erweitert hat, wurde das Parlament überhaupt nicht nach seiner Meinung gefragt. Es hatte auch nicht mitzureden, als es um die umstrittene Lieferung eines Testpanzers im Zusammenhang mit einem möglichen Rüstungsexportgeschäft der Bundesrepublik mit dem Nato-Partner Türkei ging. Diese Entscheidung fiel im Bundessicherheitsrat, einem Gremium, das aus mehreren Kabinettsministern besteht und von dem die meisten Bundesbürger vorher noch nie gehört haben dürften.

Das Parlament scheint in den Augen vieler Politiker als Ort der ernsthaften politischen Auseinandersetzung ausgedient zu haben. Es ließe sich Geld sparen, wenn die Abgeordneten ihre Redebeiträge künftig direkt vom Fernsehstudio aus sprächen und Abstimmungen auf dem Postweg erledigt würden. Am 10. September 1997 sind die Pressebänke im Deutschen Bundestag voll besetzt. Es ist der zweite Tag der Haushaltsdebatte, der traditionelle Anlaß für die große parlamentarische Aussprache über Grundsatzfragen. 9.37 Uhr: Im Plenum spricht der SPD-Fraktionsvorsitzende Rudolf Scharping. Wer will hören, was er zu sagen hat? Bundeskanzler Helmut Kohl markiert unermüdlich Papiere mit gelbem Leuchtstift. Finanzminister Theo Waigel zeichnet mit goldenem Stift Akten ab, sein Kollege Günter Rexrodt benutzt einen schwarzen. Horst Seehofer liest. Angela Merkel auch, ebenso wie Volker Rühe und Claudia Nolte. In Norbert Blüms offenem Ordner liegen Schulhefte. Friedrich Bohl blättert in einem Terminkalender. Manfred Kanther plaudert mit Edzard Schmidt-Jortzig hinten im Saal. Außenminister Klaus Kinkel hört zu. Immerhin.

Immer stärker verlagert sich die politische Macht von formalen Institutionen wie dem Parlament in informelle Gremien hinein, die weder von der Verfassung vorgesehen sind noch der öffentlichen Kontrolle unterliegen. Ob beim Bündnis für Arbeit etwas herauskommt, hat erheblich größere Bedeutung als eine Debatte des Bundestages über das Problem der Arbeitslosigkeit. Drohungen der Energieversorgungsunternehmer, sie wollten die Konsensgespräche über den Ausstieg aus der Atomenergie scheitern lassen, machen Gesetzentwürfe des zuständigen Ministers zur Makulatur, bevor das gesetzgebende Verfahren auch nur begonnen hat. An Informationen über das, was in den einst streng vertraulichen Kabinettssitzungen besprochen wird, ist nicht mehr schwer heranzukommen. Aber sie sind uninteressant. Für das, was die Regierung tut, ist die Koalitionsrunde wichtiger als das Kabinett.

Regeln sind auch früher verletzt und gebrochen worden. Einen Grundkonsens gab es in der alten Bundesrepublik jedoch tatsächlich: daß sie eigentlich eingehalten werden sollten und man sich, wenn man sie schon mißachtet, tunlichst dabei nicht erwischen lassen darf. Inzwischen werden gelegentlich Regelverstöße vor laufenden Kameras sogar als besonders schlaue Winkelzüge gefeiert.

Es sei ihm nicht peinlich, vorsätzlich falsche Informationen gegeben zu haben, sagt der SPD-Politiker Franz Müntefering im Februar 1998, als er einräumt, den Medien einen falschen Terminplan für die Kür des Kanzlerkandidaten seiner Partei mitgeteilt zu haben. Journalisten darf man also belügen. Dabei ist die Pressefreiheit vom Grundgesetz in einem Artikel geschützt, den selbst der übereinstimmende Wille aller Parlamentarier nicht verändern kann. Aber Müntefering kann sich angesichts des schlechtem Images, das Reporter in der Bundesrepublik haben, fröhlicher Zustimmung nicht nur seitens seiner Kollegen, sondern auch von Teilen der Bevölkerung sicher sein. Er muß die Tatsache nicht fürchten, daß eine Lüge gegenüber Journalisten – wie anfechtbar deren Arbeit im Einzelfall auch immer sein mag – stets zugleich auch bedeutet, die Öffentlichkeit zu belügen.

Das Mißtrauen und die Schadenfreude gegenüber all jenen, denen in dieser Gesellschaft irgendeine Form von Macht unterstellt wird, überwiegt verläßlich alle Bedenken, die deren öffentliche Mißachtung hervorrufen mag. Protest ist allemal nur von den unmittelbar Betroffenen selbst zu erwarten. Damit läßt es sich leben.

Indiskrete Inszenierungen

Es gibt viele Beispiele für herabsetzende Bemerkungen von Politikern gegenüber den Medien, die sie zugleich beständig umwerben. Gelegentlich allerdings werden Pressetermine auf eine Weise inszeniert, die für eine merkwürdige Kumpanei beider Seiten spricht und außerdem erkennen läßt, was führende deutsche Politiker der Bevölkerung vor allem schuldig zu sein glauben: Brot und Spiele. Der Brotkorb wird allerdings derzeit gerade höher gehängt. Ihn zu füllen, verspricht deshalb am liebsten die jeweilige Opposition. Spiele liefern hingegen Politiker aller Parteien bereitwillig. Die politische Bühne degeneriert zur Zirkusarena.

Am 19. Januar 1998 werden im Saal der Bundespressekonferenz sogar die Stehplätze knapp. Hoch hinauf recken die Journalisten in den hinteren Reihen die Köpfe, um nur ja nichts zu verpassen. »Oh, Schröder kommt als erster«, ruft einer. »Nein, vorne haben sie gewechselt, jetzt ist Lafontaine vorn«, hat ein anderer gesehen. »Jetzt hat sich Rau zwischen sie geschoben.« – »Der ist doch gar nicht da.« – »Doch, der kam von der anderen Seite.«

Spannung liegt nicht etwa deshalb in der Luft, weil an diesem Tag tatsächlich eine Antwort auf die Frage zu erwarten wäre, die seit Monaten die Medien beschäftigt: Ob nämlich die SPD nun am Ende mit Gerhard Schröder oder mit Oskar Lafontaine als Kanzlerkandidaten in den Bundestagswahlkampf ziehen wird. Eine Entscheidung darüber wird an diesem Tag nicht fallen. Die Sozialdemokraten haben es zur allgemeinen Überraschung tatsächlich geschafft, sich in dieser Angelegenheit lange bedeckt zu halten. Da werden sie die letzten Wochen bis zur niedersächsischen Landtagswahl im März auch noch durchhalten, deren Ergebnis die Entscheidung bringen soll. Daran zweifelt in Bonn niemand mehr.

Aber das schmälert das Vergnügen am gemeinsamen Auftritt von Lafontaine und Schröder keineswegs. Wie gehen die beiden miteinander um? Lächeln sie sich an? Zeigen sie dabei die Zähne? Wer läßt wem den Vortritt? Wer kommt im Fernsehen besser rüber? Wer erzielt die meisten Lacher? Wie schaut der eine, wenn der andere gerade gepunktet hat? So viele Einzelheiten, die es zu beobachten gilt, so viele Möglichkeiten zur Interpretation. Es menschelt ganz ungemein.

Vordergründig ist die Pressekonferenz nicht als weitere Folge einer Seifenoper einberufen worden. Ein neues Konzept zur Bekämpfung der Arbeitslosigkeit behauptet die SPD-Führung der Öffentlichkeit vorstellen zu wollen, und sie hat für dessen Präsentation alles aufgeboten, was in ihren Reihen Rang und Namen hat. Fast geschlossen sind die sozialdemokratischen Ministerpräsidenten in die Bundesstadt gereist. Gemeinsam mit Fraktionschef Rudolf Scharping nehmen sie auf dem leicht erhöhten Podium Platz.

Oskar Lafontaine skizziert die neuen Vorschläge kurz, dann können Fragen aus dem Plenum gestellt werden. Aber zunächst fällt niemandem eine ein. Allgemeines Schweigen. »Das Interesse scheint gering zu sein«, merkt die Journalistin trocken an, die die Versammlung leitet. Da meldet sich ein Fernsehreporter: »Herr Lafontaine, Herr Schröder, einer von Ihnen wird ja als Kandidat bald arbeitslos. Wer wird denn das sein?« Antwort des Parteivorsitzenden: »Wir sind alle mehr oder weniger immer Kandidaten.« Ob denn nun Einigkeit über das genaue Datum erzielt worden sei, an dem der Name des Kandidaten bekannt geben werde? Diesmal darf Gerhard Schröder antworten. Gewiß, versichert der. Man sei sich wieder einig gewesen, daß der Termin vor den Bundestagswahlen liegen müsse. Allgemeine Heiterkeit.

Die Stimmung ist gut, und sie wird im Lauf der Veranstaltung immer besser. Einen besonderen Lacherfolg erzielt Rudolf Scharping, als er fast beschwörend versucht, doch noch das Interesse an den neuen SPD-Vorschlägen zur

Bekämpfung der Arbeitslosigkeit zu wecken. Vorstellungen hat der Mann. Deshalb ist doch nun wirklich keiner gekommen.

Veranstaltungen wie diese sind es, die Überdruß am politischen Tagesgeschäft befördern. Die Pressekonferenz ist eine Verhöhnung der Öffentlichkeit. Augenzwinkernd machen einige Medien und Politiker gemeinsame Sache in der irrigen Annahme, die Inszenierung käme den Interessen beider Seiten in geradezu idealer Weise entgegen. Den Journalisten wird eine Folie geboten, vor deren Hintergrund sich treffliche Analysen und fein gezeichnete psychologische Studien mit Tiefgang verfassen lassen. Die SPD bringt sich ins Gespräch und ergattert Sendezeit, was für eine Oppositionspartei bereits als Erfolg an sich gilt.

Solche taktischen Überlegungen sind nicht klug, sondern schlaumeierisch. Politiker als Berufsgruppe tun sich mit ihrer Teilnahme an Possen wie diesen keinen Gefallen. Sie machen sich selbst kleiner, als ihre Gegner es je tun könnten. Auch Journalisten schaden sich, wenn sie über solche Aufführungen berichten, als seien sie ernstzunehmen. Entweder leidet das Vertrauen in ihre Urteilskraft oder in ihre Glaubwürdigkeit. Die vielgeschmähte breite Mehrheit der Bevölkerung mag für dumm verkauft werden, aber sie ist nicht so dumm, wie manche Parteistrategen glauben.

Natürlich können diejenigen, die sich nicht beruflich mit der Beobachtung des politischen Betriebes beschäftigen, in Einzelfällen kaum definieren, in welcher Art und Weise sie manipuliert werden sollen. Aber gerade weil die Wähler die Regeln des Mediengeschäfts nicht exakt kennen, haben sie einen besonders scharfen Blick, wenn Politiker und Journalisten ein Augurenlächeln tauschen. Es entgeht ihnen auch dann nicht, wenn eine Pressekonferenz wie die beschriebene in den Abendnachrichten zu einer scheinbar seriösen Nachricht zusammengeschnitten worden ist. Die politische Klasse sollte sich über ihr sinkendes Ansehen nicht wundern.

Die SPD ist nicht die einzige Partei, die sich mit Ereignissen ins Gespräch zu bringen sucht, die ohne Medienbegleitung gar nicht erst stattfinden würden. Im Oktober 1997 nimmt der damalige Verteidigungsminister Volker Rühe seinen Kabinettskollegen Theo Waigel mit nach Sarajevo. Der knapp fünfstündige Aufenthalt dient einem einzigen Ziel: einer möglichst breiten Berichterstattung über die Reise. Beide Politiker verbindet zum Zeitpunkt der Stippvisite ein gemeinsames Interesse an Bildschirmpräsenz, die sie in positivem Licht erscheinen läßt. Der CDU-Politiker Rühe möchte sich vom parteiinternen Rivalen Wolfgang Schäuble nicht ins Abseits drängen lassen. Theo Waigel steht ein CSU-Parteitag bevor, der angesichts der latenten Spannungen zwischen ihm und dem bayerischen Ministerpräsidenten Edmund Stoiber für den Finanzminister nicht einfach werden wird.

Den ministeriellen Betreuern der mitreisenden Medien ist ihre Nervosität darüber anzumerken, ob sie die hochgesteckten Erwartungen ihrer Chefs werden erfüllen können. Dialog im Flugzeug: »Wie viele haben wir?« – »Was?« – »Journalisten.« – »46.« – »Dann sind aber zwei von der Liste gestrichen.« – »Aber vor Ort kriegen wir noch welche.« Was für ein Glück.

Der erste Drehort in der Umgebung von Sarajevo liegt auf dem Patrouillenweg der internationalen SFOR-Truppen. Von einer Paßstraße aus ist die Ortschaft Jasen zu sehen, die während des Krieges von serbischen Truppen geplündert und zerstört wurde und heute verlassen ist. Dort werden die Journalisten in Position gestellt. »Kameraleute, mal eben herhören. Seid ihr fertig?« Schallendes Gelächter. Das ist selbst denen ein bißchen allzu aufdringlich, die im Bereich politischer Imagepflege schon manches mitgemacht haben. »Nein, wirklich«, rechtfertigt sich der Pressesprecher. »Wir müssen das den Ministern sagen, damit sie abrücken können. Die stehen nämlich noch.«

Dann fahren die Minister los. Volker Rühe und Theo Waigel obenauf im Panzer. Kleiner Regiefehler: Eine Signallampe vorne auf dem Fuchs verdeckt teilweise die Gesichter und stört das Bild. Bis zur Rückfahrt wird sie abgeschraubt. In der Zwischenzeit geben die Minister Interviews. Waigel zeigt sich »unglaublich beeindruckt von dem, was unsere Soldaten hier leisten«. Er kann Informationen offenbar in Rekordzeit sammeln und verarbeiten. Seit der Landung in Sarajevo sind gerade fünfzig Minuten vergangen. Es hat geschneit. Ein zarter weißer Schleier liegt über dem herbstlichen Wald. Der Himmel ist blau – eine wunderschöne Bühne. Leider hat das Wetter auch den eigens planierten Aussichtspunkt in Matsch verwandelt. Deshalb gehen die Minister dann lieber nicht bis dorthin und bekommen auch die Ortschaft Jasen nicht zu sehen. Vielleicht beim nächsten Mal.

Das Stück ist übrigens bei den Medien durchgefallen. Es war gar zu plump in Szene gesetzt und erzielte deshalb die gegenteilige Wirkung derer, die gewünscht war. Die Reise wurde zum Glossenstoff. Ohnehin arbeiten die allermeisten politischen Korrespondenten ungern als Rezensenten provinzieller Theateraufführungen, und auch die große Mehrheit der Politiker versucht, sich derartigen Showelementen zu entziehen. Leicht wird es ihnen nicht gemacht.

Das hat mit den Gesetzmäßigkeiten dessen zu tun, was gerne als Mediendemokratie bezeichnet wird und ein besonders irreführender Begriff der politischen Sprache ist. Der Ausdruck legt nahe, Medien und Demokratie hingen zwingend und unauflöslich voneinander ab. Das ist nicht der Fall. Die Existenz des einen bedingt nicht die Existenz des anderen. Es hat in der Geschichte demokratische Gemeinwesen ohne Medien im heutigen Sinne des Wortes gegeben. Andererseits bedienen sich gerade Diktatoren gerne der Medien, um ihre Stellung zu festigen. Das eingängige Schlagwort von der Mediendemokratie wird auch nicht als Hinweis auf die verfassungsmäßig garantierten Freiheiten der Berichterstattung und der Meinung benutzt, und schon gar nicht im Blick auf die Transparenz von politischen Entscheidungsprozessen für die Bevölkerung dank regelmäßiger, verläßlicher Information.

Der Begriff bezeichnet etwas viel Banaleres. Er verweist auf die wachsende Zahl vor allem elektronischer Medien, ihre Omnipräsenz und die Tatsache, daß sie für die Vermittlung von Politik inzwischen eine größere Bedeutung haben als alle anderen öffentlichen Foren. Franz Müntefering hat kurz vor seinem Amtsantritt als Generalsekretär der SPD gegenüber Journalisten einmal beiläufig gesagt, die Medien blieben »das wichtigste Instrument auch in der Kommunikation mit den Mitgliedern, das ist ganz klar«. Berichterstattung spiele heute auch im internen Prozeß der Meinungsbildung eine größere Rolle als beispielsweise Mitgliederversammlungen. Seine Kollegen aus den anderen Parteien dürften ihm da zustimmen.

Es ist sehr fraglich, ob politische Strategen in diesem Zusammenhang im Blick auf ihre eigenen Interessen die richtigen Schwerpunkte setzen, oder ob sie sich nicht vielmehr einer großen Chance begeben, für sich zu werben. Überfüllte Säle bei Wahlveranstaltungen, in denen das Publikum geduldig über Stunden hinweg auch komplizierten Vorträgen und Diskussionen lauscht, sind ein Hinweis darauf, daß vielen Bürgern die Informationen aus zweiter Hand nicht genügen. Möglicherweise könnte eine verstärkte Hinwendung zu Überzeugungsversuchen vor Ort und in kleinerem Rahmen größere Wirkung zeigen als derzeit angenommen wird.

Aber die beherrschende Stellung, die Medien eingeräumt wird, gründet nicht nur auf der Macht der Bilder und der schnellen Nachricht. Eine Rolle spielt dabei auch, daß die großen Zeitungen und Fernsehanstalten über die Mittel und den Apparat verfügen, sich nicht allein auf die Berichterstattung beschränken zu müssen, sondern die Reaktion des Publikums auf Ereignisse und Entwicklungen gleich mitliefern können. Wer gerade wie populär ist, wo die schweigende Mehrheit steht und was sie für ein wichtiges Thema hält: Die Meinungsforscher finden es heraus, und immer häufiger sind Medien ihre Auftraggeber.

Der Ausgang von Wahlen steht mittlerweile Stunden fest, bevor alle Stimmen abgegeben sind. Gerhard Schröder konnte sich bereits am Nachmittag der Bundestagswahl darüber freuen, daß er der nächste Kanzler der Bundesrepublik sein würde. Helmut Kohl wußte Tage vorher, daß er es nicht noch einmal schaffen konnte. Die Demoskopin Elisabeth Noelle-Neumann soll es ihm in einem vertraulichen Gespräch persönlich mitgeteilt haben. Die Meinungsforscher haben Grund, auf ihre Erfolge stolz zu sein. Wir anderen haben Anlaß zu erschrecken. Demoskopen können selbst absichtsvolle Falschaussagen und das mutmaßliche Verhalten Unentschlossener so genau in ihre Berechnungen einbeziehen, daß ihre Trendmeldungen in den meisten Fällen nur noch um Stellen hinter dem Komma korrigiert werden müssen. Wir sind berechenbar geworden. Macht uns das nicht auch in besonderem Maße anfällig für Manipulation?

Die Erforschung und Kenntnis der nationalen Meinung erleichtert Politikern ihr Geschäft. Niemand ist gerne isoliert. Wie oft zwingt die Ansicht der Mehrheit oder ein sich abzeichnender Stimmungsumschwung jene in Reih und Glied, die sich ihrer Sache gar nicht so sicher sind? Gegen die gerade tonangebende Lehre stellt man sich nur bei solchen Angelegenheiten, die einem wirklich am Herzen liegen. Es liegt in der Natur der Sache, daß das für niemanden bei allzu vielen politischen Fragen der Fall ist, und schon gar nicht für diejenigen, deren täglich Brot die Politik nicht ist.

In den meisten afrikanischen Ländern hat das rasante Tempo des gesellschaftlichen Wandels und tiefgreifender wirtschaftlicher Veränderungen dazu geführt, daß die einzelnen bei immer mehr Themen gar nicht zu sagen vermögen, ob sie sich mit ihren Ansichten eigentlich von der gerade herrschenden Mehrheitsmeinung entfernt haben oder nicht. Vielleicht erklärt sich auch daraus die Tatsache, daß politische Diskussionen in Kenia sehr viel lebendiger, unbefangener, vorurteilsfreier und voraussetzungsloser verlaufen als in Deutschland. Auf Europäer wirkt die Vielzahl möglicher Ansichten zu einem Thema zunächst verwirrend und oftmals naiv. Wir sind an die Kanalisierung von Meinungen gewöhnt.

Wir wissen hier stets ziemlich genau, in welchem Maße wir uns mit unseren Positionen im Einklang mit der Mehrheit befinden. Wer sich in der Minderheit glaubt, reagiert häufig defensiv. Das läßt sich besonders gut an einleitenden Sätzen ablesen, mit denen Minderheitenpositionen erst einmal in den vermuteten generell akzeptierten Rahmen eingebettet werden, bevor jemand wagt, sie zu artikulieren. Als zu Beginn der 90er Jahre die Volksparteien eine Änderung des Asylrechts für unabdingbar erklärten, wurde dieser Position regelmäßig mit der begleitenden Bemerkung widersprochen, natürlich bedürfe das »Ausländerproblem« einer Lösung.

Nahezu keine Kritik an den Nato-Angriffen auf Jugoslawien kommt ohne die ausdrückliche Verurteilung der Verbrechen des Milosevic-Regimes aus. Soziale Gerechtigkeit wird nur selten angemahnt, ohne daß zugleich die Notwendigkeit eines Umbaus der sozialen Sicherungssysteme anerkannt wird. Die Erwähnung von Fehlern im Zusammenhang mit der deutschen Vereinigung muß von dem Hinweis begleitet werden, um wie vieles besser es der Bevölkerung der ehemaligen DDR heute geht als früher. Zweifel an der Richtigkeit einer gemeinsamen europäischen Währung sind mit einem Bekenntnis zur europäischen Integration insgesamt zu verbinden.

Es geht nicht darum, ob sich inhaltlich etwas gegen diese Glaubenssätze und Beteuerungen einwenden läßt. Aufschlußreich ist jedoch, wer bei einer Meinungsäußerung zusätzliche Bekenntnisse glaubt abliefern zu müssen – und wer nicht. Der Umbau der Sozialsysteme läßt sich heute fordern, ohne daß zugleich besonderes Gewicht auf die soziale Gerechtigkeit gelegt werden muß. Der umgekehrte Fall ist schwieriger. Eine zustimmende Haltung zu den Nato-

Angriffen auf Jugoslawien bedarf keines weiteren Nachweises mehr, daß der oder die Betreffende den Menschenrechten einen besonders hohen Stellenwert einräumt. Wer die Militäroperation hingegen ablehnt oder gar einen unmittelbaren Zusammenhang zwischen beiden Themen verneint, der sieht sich mit grundsätzlichen Zweifeln an seiner Humanität konfrontiert, die es erst einmal auszuräumen gilt. Das wäre noch zwei Jahre zuvor undenkbar gewesen. Paradigmenwechsel lassen sich am besten daran erkennen, wer auf einmal in die Defensive gerät.

Das Bedürfnis, sich mit der eigenen Meinung in der Mehrheit aufgehoben zu fühlen, zeugt allerdings noch nicht von einem gesellschaftlich allgemein akzeptierten Wertekanon. Dafür sind Mehrheiten allzu schwankend und zu leicht zu beeinflussen. Wodurch werden sie beeinflußt? Kampagnen, Massendemonstrationen und plebiszitäre Formen der Demokratie sind nicht in Mode. So sind die Fälle, in denen der Druck der Straße etwas erreicht, eher die Ausnahme als die Regel. Das war schon anders, und das mag sich auch wieder ändern. Gegenwärtig aber sind die Medien tatsächlich konkurrenzlos, wenn es um die Frage geht, welche Position jeweils den begehrten Platz erobern kann, »alternativlos« zu sein. Alternativlos? Werden denn nicht in Kommentaren sehr unterschiedliche Ansichten zu ein und demselben Thema vertreten? Ist die alte demokratische Streitkultur nicht am ehesten noch in Zeitungsspalten lebendig? Ja und nein. Es gibt zu allen wichtigen Fragen verschiedene Positionen. Das Meinungsklima aber wird vor allem von der journalistischen Praxis bestimmt, Ansichten und Erkenntnisse voneinander abzuschreiben.

Besonders deutlich wurde das im Zusammenhang mit der Spendenaffäre der CDU. Zu deren Beginn schien noch der schlichte Hinweis einer Majestätsbeleidigung gleichzukommen, das deutsche Rechtssystem kenne auch das Mittel der Beugehaft. Wenige Wochen später hatten sich die Führungsgremien der CDU ebenso wie die veröffentlichte

Meinung darauf verständigt, in Altkanzler Helmut Kohl den Schurken des Trauerspiels zu sehen. Einmal unterstellt, der wäre heute noch Regierungschef: Hätte der Skandal dieselbe Dimension angenommen wie jetzt und wäre die Öffentlichkeit sich in ihrem Urteil gleichermaßen einig gewesen? Das Ausmaß des Schimpfs, den einer erdulden muß, hat stets auch mit seiner Macht zu tun – oder mit deren Verlust.

Helmut Kohl hat die CDU 25 Jahre geführt und geprägt. Er wäre deshalb selbst dann der Hauptverantwortliche für die Affäre, wenn er persönlich nie einen Geldschein in die Hand genommen hätte. Aber der Umgang mit dem ehemaligen Parteivorsitzenden erinnerte zeitweise an die »Fragen eines lesenden Arbeiters« von Bertolt Brecht: »Der junge Alexander eroberte Indien. Er allein? Cäsar schlug die Gallier. Hatte er nicht wenigstens einen Koch bei sich?«

Die rechtswidrige Finanzpraxis der CDU war nicht die erste Affäre, die die Republik erschütterte. Schon in der Vergangenheit ist der Verlauf eines Skandals stets auch wesentlich von der Position beeinflußt worden, die dessen Hauptakteure innehatten. Franz Josef Strauß mußte zurücktreten, weil er im Zusammenhang mit der *Spiegel*-Affäre das Parlament belogen hatte. Aber der starke Mann der CSU kam wieder. Helmut Kohl war so lange an der Macht, daß der Bruch seiner Partei mit ihrem ehemaligen Ehrenvorsitzenden noch immer als der Sturz eines Herrschers erschien. Dabei war er inzwischen ein Bauernopfer, das auch manche derjenigen schützen sollte, die nach ihm in der CDU an Einfluß gewonnen hatten – wie beispielsweise der hessische Ministerpräsident Roland Koch.

Allerdings besteht ein gravierender Unterschied zwischen der Übernahme fremder Meinungen und der Verwertung der Informationen anderer sowie dem Vertrauen auf deren Richtigkeit. Für die tägliche journalistische Arbeit ist Letzteres unvermeidbar. Es ist eine zwar von Teilen der Öffentlichkeit immer wieder erhobene, aber dennoch naive und gänzlich unerfüllbare Forderung, Reporter und Redakteure müßten alle Details für ihre Artikel selbst recherchieren. Wer einen Nachruf schreibt, kann nicht erst ans Totenbett eilen, um sich von dem Ableben des Betreffenden zu überzeugen. Wer eine geplante Truppenreduzierung der Bundeswehr kommentiert, braucht nicht jeden Soldaten persönlich nachzuzählen, und wer die Beschlüsse eines Gipfeltreffens bewertet, muß sich darauf verlassen können, daß es stattgefunden hat. Meldungen von Nachrichtenagenturen und Archivmaterial sind aus dem Arbeitsalltag von Journalisten in Deutschland nicht mehr wegzudenken. So selbstverständlich werden sie verwendet, daß den meisten gar nicht bewußt ist, um wie viel größer der fremde Anteil an ihren Artikeln ist als der eigene.

Der Blickwinkel ändert sich schlagartig mit einem einschneidenden Wechsel des Berichtsgebiets. Über Afrika liegt nur wenig gesichertes Datenmaterial vor, und das, was es gibt, verstellt häufig eher den Blick, als daß es ihn öffnet. Eine Information über das Durchschnittseinkommen pro Kopf der Bevölkerung ist ohne Angabe über die Lebenshaltungskosten völlig wertlos. Die lassen sich aber in armen Ländern nur schwer ermitteln. So ist in Kenia theoretisch die medizinische Versorgung kostenlos und Schulgebühren sind genau festgelegt. Dennoch werden von Eltern häufig »Spenden« für den Unterricht ihrer Kinder erzwungen und ein Krankenpfleger verlangt nicht selten Geld, damit er ein angeblich gerade nicht verfügbares Medikament dann doch noch auftreibt.

Vor eiligen Schuldzuweisungen und dem beliebten Korruptionsvorwurf sei in diesem Zusammenhang übrigens gewarnt. Wenn das gesamte Wirtschaftssystem auf solchen Praktiken aufgebaut ist, dann kann sich der einzelne dem weder im aktiven noch im passiven Bereich entziehen, will er überleben. Aber diese Grauzonen des Wirtschaftskreislaufs lassen sich von Statistiken eben kaum erfassen, ebensowenig wie der gesamte informelle Sektor oder der gerade in Krisengebieten und abgelegenen Gegenden weit verbreitete

Naturalienhandel. Selbstverständlich verwenden Korrespondenten auch in Afrika Informationen von Nachrichtenagenturen, Kurzwellensendern, Regierungen und ausländischen Organisationen. Aber sie lernen schnell, zugleich ein gesundes Mißtrauen gegen Daten und Nachrichten zu entwickeln, die sie nicht selbst haben überprüfen können.

Journalisten in Deutschland haben dazu wenig Anlaß. Nachrichtenagenturen sind zuverlässig und auch die meisten anderen Medien erheblich besser als ihr Ruf. »Es steht einfach sehr viel Richtiges in der Zeitung«, bemerkt ein Kollege in einem Gespräch über Recherchemöglichkeiten trocken. Aber der große Nutzen, den Journalisten aus der bereits geleisteten Arbeit anderer ziehen können und regelmäßig ziehen, birgt eine Gefahr. Wer sich so daran gewöhnt hat, Fakten ungeprüft übernehmen zu dürfen, dem fällt oft nicht mehr auf, wenn er mit Einschätzungen und Meinungen dasselbe tut.

Eine Vermögensteuer ist schon deshalb unsinnig, weil der administrative Aufwand in keinem Verhältnis zum Ertrag steht, und außerdem ist sie verfassungswidrig. Ich habe keine Ahnung, was für und was gegen diese Ansicht spricht, aber ich bräuchte gute Argumente, um sie zu widerlegen. Dafür hat sie zu oft unwidersprochen in der Zeitung gestanden. Wenn ich mir die Position hingegen einfach zu eigen mache, muß ich dafür keinerlei zusätzliche Begründungen anführen. War eine Meinungsäußerung – und um eine solche handelt es sich – erst einmal häufig genug in Leitartikeln und Analysen zu lesen, dann mutiert sie zu einer Tatsachenbehauptung.

Deshalb ist Politikern und Lobbyisten so viel daran gelegen, tonangebende Journalisten persönlich oder über Mittelsleute von der »objektiven« Richtigkeit ihrer Ansicht zu überzeugen. Wer erst einmal die Meinungsführerschaft über ein Thema gewonnen hat, verliert sie nicht mehr ohne weiteres. Die Großindustrie und einflußreiche Verbände sind in diesem Zusammenhang gegenüber den vielzitierten »kleinen

Leuten« im Vorteil. Die Pressefreiheit stößt heute eher an materielle als an politische oder juristische Grenzen.

Der administrative Aufwand der Vermögensteuer, den ich nicht kenne und den, wie ich glaube, auch die meisten meiner Kollegen nicht zu beziffern wissen, ist ein unschlagbares Argument gegen diese Steuer. Da Verwaltungskosten von der Öffentlichkeit eigentlich grundsätzlich für unvertretbar hoch gehalten werden, läßt sich dagegen kaum etwas vorbringen.

Ist eine Diskussion erst einmal in bestimmte Bahnen gelenkt worden, und das geschieht schnell, dann dringen nicht einmal mehr Fachleute bei ihren eigenen Kollegen mit der Korrektur falscher Voraussetzungen durch. Im Sommer 1999 fordert der damalige saarländische Ministerpräsident Reinhard Klimmt die Wiedereinführung der Vermögensteuer. Wenig später holt der SPD-Fraktionsvorsitzende Peter Struck im Gegenschlag die FDP-Pläne zur Einkommensteuerreform aus der Schublade. Der Startschuß zur fröhlichen Schlagzeilenhatz ist gefallen. Auf geht's. Die Gewerkschaften finden Strucks Steuervorschläge doof, der Deutsche Industrie- und Handelstag findet die Vermögensteuer doof. Die FDP freut sich über Struck, die Jungsozialisten über Klimmt. PDS-Fraktionschef Gregor Gysi erklärt Gerechtigkeit für modern, der SPD-Ministerpräsident Wolfgang Clement und sein damaliger Amtskollege Gerhard Glogowski halten Kritik am Kanzler für »unberechtigt« und »ungerecht«. Nur die CDU ist in Urlaub.

Mitten in das Stimmengewirr hinein richtet der SPD-Finanzpolitiker Joachim Poß einen ausführlichen Brief an seine Fraktion. Darin schildert er die komplizierte Rechtslage beim Thema Vermögensteuer und schreibt beschwörend: »Nur wenn man die Grundlagen wirklich kennt, kann man sich überhaupt ein Urteil bilden.« Da hat der Mann etwas mißverstanden. Es geht weder um fachkundige Urteile noch um die Formulierung grundsätzlicher Ziele. Es geht um die Inszenierung von Politik. Tiefgreifende Meinungsverschiedenheiten zwischen Poß und Struck schrumpfen in den Fernsehnachrichten zu einem netten, kleinen Schlagabtausch, der eher die Gefühle der Zuschauer als deren Verstand anspricht. Welche sachlichen Argumente für die eine und welche für die andere Position sprechen, erfahren sie nicht. Dafür hören sie, daß der Fraktionschef es ungehörig findet, wenn ihm sein Stellvertreter öffentlich widerspricht. Eine ernsthafte Sachfrage ist auf einen menschlichen Konflikt reduziert worden.

Der ehemalige SPD-Vorsitzende Hans-Jochen Vogel hat übrigens in dieser Debatte gezeigt, wie man sich politisch zu einem Thema zu Wort melden und zugleich die Detailprobleme den Experten überlassen kann. Er forderte, alle Maßnahmen der Regierung müßten am Kriterium der sozialen Gerechtigkeit gemessen werden. Die Bedeutung dieses Satzes lag mindestens ebensosehr im Formalen wie im Inhaltlichen: Vogel hat seiner Partei eine Überschrift über ihre Politik angeboten. Nur daß der SPD damals noch nicht aufgefallen war, wie dringend sie eine solche Überschrift als Orientierungshilfe für ihre Anhänger brauchte. Als sie nur wenige Wochen später den Vorschlag dann dankbar aufzugreifen versuchte, war die Glaubwürdigkeit schon dahin.

Gerhard Schröder hat gewiß früher nicht damit gerechnet, je auf Hilfe beim Umgang mit den Medien angewiesen zu sein. Er galt als Profi auf diesem Gebiet, und teils bewundernd, teils ingrimmig ist ihm nachgesagt worden, er habe sie wie kein anderer vor ihm benutzt und mit ihrer Hilfe den Wahlsieg errungen. Das stimmt nur teilweise. Die Strategen in der sozialdemokratischen Wahlkampfzentrale haben sich in stärkerem Maße als die an der Macht erschlaffte Union neueren Erkenntnissen hinsichtlich der bestmöglichen Präsentation ihres Spitzenkandidaten angepaßt und ihnen Rechnung getragen. Der Versuch, Medien für die eigenen Ziele zu instrumentalisieren, ist jedoch so alt wie diese selbst. Auch die Personalisierung der Politik haben nicht die

Marktforscher um das Produkt Schröder erfunden. In der Bundesrepublik begann sie mit Konrad Adenauer.

Neu ist nicht der Versuch der Einflußnahme über die Medien, sondern die Frage, was Politiker mit deren Hilfe zu erreichen hoffen. So lange in Deutschland über das bessere Staats- und Gesellschaftsmodell gestritten wurde, ging es mehr um Inhalte als um Personen. Diese Feststellung bedeutet keine Verklärung der Vergangenheit. Früher wurde sogar eher häufiger als heute mit demagogischen Mitteln und persönlichen Diffamierungen gearbeitet. Einige der damaligen Medienkampagnen können nicht anders als schmutzig genannt werden. Die *Bild*-Zeitung hat sich mitschuldig gemacht am Attentat auf den Studentenführer Rudi Dutschke. Der sozialdemokratische Bundeskanzler Willy Brandt sollte mit Hinweisen auf seine uneheliche Herkunft und die Änderung seines Namens, zu der sich der Widerstandskämpfer in der Zeit des Nationalsozialismus entschlossen hatte, als Person ins Zwielicht gerückt werden.

Aber hinter allen noch so verleumderischen persönlichen Artikeln ging es stets um einen konkreten politischen Kurs, der verhindert beziehungsweise unterstützt werden sollte. Dazu bedurfte es jenes inhaltlichen Wettbewerbs zwischen den Parteien, der inzwischen durch den allgemeinen Konsens hinsichtlich der Ziele, wenn schon nicht hinsichtlich jedes einzelnen Schrittes auf dem Weg, ersetzt worden ist. Sobald über Grundsätzliches nicht mehr gestritten wird, reduziert sich politische Rivalität auf die Frage, welcher Person am ehesten eine Lösung der bestehenden Probleme zugetraut wird, über deren Definition sich inzwischen alle weitgehend einig sind.

Lafontaine oder Schröder, Schäuble oder Kohl und schließlich Schröder oder Kohl: der alleinigen Zuspitzung auf derlei Alternativen ist geschuldet, daß die Berichterstattung über Spitzenpolitiker in elektronischen Medien, in den Boulevardzeitungen und sogar in als seriös geltenden Wochenblättern mittlerweile häufig an Klatschgeschichten

über Showgrößen oder Popstars erinnert. Manche der
Betroffenen schüren dies auch noch, und es sind gerade jene,
die sich gerne über mangelnden Respekt der Medien vor
ihrem Privatleben beklagen. Joschka Fischer hat den *Stern*
pünktlich zu seinem Amtsantritt als Außenminister wissen
lassen, er werde mit seiner neuen Lebensgefährtin (und spä-
teren Frau) erstmals auf dem Bonner Bundespresseball 1998
öffentlich auftreten. Als sich dort dann die Fotografen um
das Paar drängten, wies er sie allerdings barsch zurück und
nutzte den Anlaß, um sich ein weiteres Mal über die indis-
krete Aufdringlichkeit der Presse zu beschweren. Das sind
Starallüren.

Die wechselseitige Verachtung, die zahlreiche Journalisten
und Politiker füreinander empfinden, rührt ebenso wie die
latente Aggression auch vom mißbräuchlichen Umgang miteinander her. Niemand läßt sich gern die Würde nehmen. Es
sagt sich leicht, daß dabei ja keiner mitzumachen brauche.
Korrespondenten, die nicht bereit sind, auch leicht verdauli-
ches Unterhaltungsfutter zu liefern, haben bei den allermeisten Medien einen schweren Stand. Für Parlamentarier –
und auch für ihre Wähler – stehen hingegen Erfolg und
Medienpräsenz in engem Zusammenhang.

Wie tief das Bedürfnis sitzt, sich wenigstens einmal an der
anderen Seite rächen zu dürfen, zeigte sich am Verhalten
zahlreicher Journalisten gegenüber dem in öffentliche
Ungnade gefallenen zurückgetretenen SPD-Vorsitzenden
und Finanzminister Oskar Lafontaine. Langweilig seien
seine Ausführungen auf der Frankfurter Buchmesse gewesen, erzählt ein Korrespondent abends im privaten Kreis.
»Gott sei Dank gab es im Saal so einen Luftballon. Den
haben wir uns die ganze Zeit gegenseitig zugespielt.«
Unvorstellbar, daß Journalisten einem Politiker ihre
Mißachtung so offen zu zeigen wagten, auf den sie mit einem
Interviewwunsch oder der Bitte um Hintergrundinformation
noch einmal angewiesen sein könnten. Aber Lafontaine ist
weg vom Fenster. Ihm gegenüber unhöflich zu sein ist nicht

mehr riskant und ein herrliches Ventil für die vielen Situationen, in denen man allen Zorn herunterschlucken und freundlich lächeln mußte.

Die Tatsache, daß er keine Ämter mehr habe, berechtige nicht dazu, ihm alberne Fragen zu stellen, sagt Lafontaine im Fernsehen zu Sabine Christiansen, die noch nie zuvor in einer ihrer Talkshows mit einer vergleichbar kritischen Haltung aufgefallen war wie ihm gegenüber. Da irrt der Privatier. Über Inhalte des Buches reden zu müssen ist der Moderatorin übrigens erkennbar lästig. Sie befindet sich damit in guter Gesellschaft. Klatsch bringt höhere Einschaltquoten.

Das wissen auch die noch amtierenden Politiker. Je höher einer die Karriereleiter hinaufklettert, desto weniger wehrt er sich inzwischen dagegen, auch Teile seines Privatlebens der Öffentlichkeit zur Verfügung zu stellen. Wer gerade auf einer Welle der Sympathie schwimmt, mag der Illusion erliegen, er habe für die Wählergunst nicht wesentlich mehr zu tun, als neckische oder scheinbar intime Anekdoten zu liefern. Gerhard Schröder mußte zu den zahlreichen Homestorys, die ihn in trauter Harmonie mit wechselnden Ehefrauen abbildeten, nicht gezwungen werden.

Die irrige Einschätzung ist zählebig, daß sich mit Werbung für die eigene Menschlichkeit auch Zustimmung zum politischen Kurs erkaufen läßt. Selbst zwei so erkennbar um schützende persönliche Distanz bemühte Minister wie Hans Eichel und Jürgen Trittin plaudern mittlerweile in Talkshows und Wochenmagazinen über Trinkgeldgewohnheiten und Kochrezepte. Die Frau des CDU-Vorsitzenden Wolfgang Schäuble erzählt Einzelheiten über ihre Ehe mit dem Mann im Rollstuhl. Schäubles Parteifreund Volker Rühe läßt sich im Fernsehen neben seine Jugendliebe aufs Sofa setzen. Warum tun sie sich das alle an?

Die Hoffnung trügt doch, sich durch Preisgabe möglichst vieler privater Details langfristig politische Unterstützung sichern zu können. Wie beispielsweise Verteidigungsminister Rudolf Scharping erfahren mußte, befördert das anekdotische Element in der politischen Berichterstattung nicht nur den Aufstieg von Politikern, sondern auch ihren Abstieg. Bis hin zum freien Fall. Was ein Sieger tun darf, wird einem Verlierer noch lange nicht verziehen.

Lange kämpfte auch Bundeskanzler Gerhard Schröder mit den Schwierigkeiten, die von ihm selbst gerufenen Geister wieder loszuwerden. Als 1999 bekannt wurde, daß RTL eine satirische Serie mit dem auf seine Ehefrau anspielenden Titel »Wie war ich, Doris?« plante, sagte Schröder verärgert ein bereits fest verabredetes Sommerinterview mit dem Fernsehsender ab. Bei den Medien stieß diese Reaktion auf Unverständnis und Empörung. Allzu lange hatte der Regierungschef alle Kritiker offenkundig für spießig und kleinkariert gehalten, die ihm vorwarfen, mit seinen häufigen Showauftritten die Würde seines Amtes zu beschädigen. Erst im Zusammenhang mit der Würde seiner Person hörte für ihn der Spaß auf. Viele Journalisten sahen darin eine Verletzung der Spielregeln, die der Kanzler zuvor freudig akzeptiert hatte.

Das galt umso mehr, als über den Inhalt der Serie zu diesem Zeitpunkt noch gar nichts bekannt war. Auch Politiker haben ein Recht auf den Schutz ihrer Persönlichkeit, aber Schröder und seine Frau waren von RTL noch gar nicht beleidigt worden. Kurt Tucholsky hat darüber gespottet, daß halb Deutschland auf dem Sofa sitzt und übel nimmt, wenn jemand einen halbwegs guten politischen Witz macht. Die Zeiten ändern sich. Schröder nimmt schon übel, daß jemand ankündigt, demnächst einen Witz machen zu wollen. Das nährt einen bösen Verdacht. Der Kanzler schien für seine mediale Omnipräsenz ein wenig Dankbarkeit erwartet zu haben – getreu dem alten Sprichwort, daß eine Krähe der anderen kein Auge aushackt. Das wirft ein bezeichnendes Licht auf sein Verständnis von Pressefreiheit.

Sind wir Journalisten daran auch selber schuld? Wer Vertrauen genießt, verpflichtet sich damit in bestimmtem Umfang zur Loyalität, und zwischen Vertrauen und Vertraulichkeit verläuft ein nur schmaler Grat. Indiskretionen in privaten Angelegenheiten, die von Politikern selbst beflissen angeboten werden, spielen auch im Umgang mit politischen Themen eine wichtige Rolle. Es gibt ein magisches Wort dafür: »unter drei«. Der Ausdruck schmeckt nach Herrschaftswissen, Exklusivität, Zugehörigkeit zu den geheimen Zirkeln der Macht. Unter drei scheidet diejenigen, die Bescheid wissen, von denen, die keine Ahnung haben.

Die Sprachregelung, die ihren Ursprung in der Satzung der Bundespressekonferenz hat, galt in Bonn jahrzehntelang und hat auch in Berlin ihre Gültigkeit nicht verloren. Sie gehört zu den ersten Dingen, die ein Neuling in der Riege der Korrespondenten lernt. »Unter eins« bedeutet, daß eine Information oder eine Meinungsäußerung veröffentlicht werden darf, bei Bedarf auch mit Quellenangabe. Mitteilungen »unter zwei« können inhaltlich verwendet werden, es muß aber unklar bleiben, woher die Angaben stammen. Was Journalisten »unter drei« anvertraut wird, dürfen sie niemals schreiben. Sie sollen es nur wissen, um es in ihre Urteile einfließen zu lassen, beispielsweise bei der Kommentierung bestimmter Themen.

»Der Bundeskanzler hat die Lage völlig unter Kontrolle«, sagen Minister gerne unter eins. »Er kriegt die Partei einfach nicht in den Griff, das wird uns noch ganz schöne Probleme bereiten«, ist (unter zwei) in Fällen bewundernswerter Tapferkeit »aus Regierungskreisen« zu hören. Hat es ein vorsichtigeres Gemüt gesagt, dann hören wir es »hinter den Kulissen« oder »im politischen Bonn« beziehungsweise »im politischen Berlin«. Wenn in einem Leitartikel zu lesen ist, daß maßgebliche Kräfte in der Regierung den Kanzler für überfordert halten und meinen, er sei seinem Amt nicht gewachsen, dann hat ein Hintergrundgespräch stattgefunden. Unter drei.

Nichts anderes hat in Bonn seit Bestehen der Bundesrepublik in gleichem Maße dieses merkwürdige Geflecht aus wechselseitigen Abhängigkeiten, Verpflichtungen und Loyalitäten zwischen Medien und Politik erzeugt wie dieses »unter drei«. Seiteneinsteiger, die Gerhard Schröder in sein Schattenkabinett geholt hat, sollen Journalisten verwirrt gefragt haben, was die denn mit dieser Formulierung bloß meinten. Man sei doch nur zu zweit. Sie haben es schnell begriffen.

»Ich sage niemals etwas unter drei«, behauptet Hermann Scheer, SPD-Abgeordneter und Vorstandsmitglied seiner Partei. Was er denke und meine, könne er offen kundtun. Das entspreche seinem Verständnis von Politik. Scheer hat diese Einstellung, die gewiß auch seiner eigenen Eitelkeit schmeichelt, gelegentlich unter Beweis gestellt. Auf einer SPD-Vorstandssitzung nennt er die Bombardierung ziviler Ziele in Jugoslawien einen »glatten Verstoß gegen das Kriegsvölkerrecht, also gegen die Genfer Konvention«. Beim Bundeskanzler kommt das nicht gut an. »Dann bezeichne mich doch gleich als Kriegsverbrecher«, habe er ihn angeraunzt, erzählt sein Kritiker. Wenig später erklärt Schröder in einer Gesprächsrunde mit jüngeren SPD-Abgeordneten, wenn jemand in führender Funktion so eine Position einnehme, dann gehöre er nicht mehr in die SPD.

Nichts bleibt vertraulich. Das Wort macht schnell die Runde. »Danach haben mich dann alle möglichen Leute gefragt, wie ich mich fühlte, nachdem Schröder mich zum Abschuß freigegeben habe«, erzählt Hermann Scheer. »Die Formulierung kam immer wieder: zum Abschuß freigegeben. Ich habe gesagt: Ich stehe außerhalb der Reichweite von Schröders Waffen.« Damit hat er recht. Scheer, der im Herbst 1999 mit dem alternativen Nobelpreis ausgezeichnet worden ist, nutzt den parlamentarischen Betrieb vor allem, um für sein zentrales politisches Anliegen zu werben: die Förderung der Solarenergie. Eine Karriere als Minister gehört nicht zu seiner Lebensplanung.

Wer im Politikbetrieb nicht mehr werden will, als er schon ist, geht hier – im Gegensatz zu den meisten anderen Ländern dieser Welt – kein Risiko ein, wenn er seine Meinung sagt. Das spricht ebensosehr für unser System wie gegen die meisten seiner Repräsentanten.

Es gibt nur sehr wenige, die bereit sind, auf die Vorteile zu verzichten, die sich bei Einhaltung der Spielregeln gewinnen lassen. »Unter drei« verleiht Macht und Ansehen. Beiden Seiten. Den Journalisten, weil sie sich zu einem kleinen Kreis von Auserwählten zählen dürfen und über Informationen verfügen oder zu verfügen glauben, die der Konkurrenz entgangen sind. Den Politikern, weil sie sich mit Hilfe von Indiskretionen diejenigen gewogen machen können, die eigentlich dafür bezahlt werden, ihre Arbeit zu kontrollieren und mit dem größtmöglichen Bemühen um Objektivität zu beurteilen.

Die schlichte Übersetzung der Sprachregelung in allgemeinverständliches Deutsch ist allerdings nur das Proseminar im komplizierten System der Nachrichtenverarbeitung. »Unter drei« hat viele Facetten. So mag ein Politiker wünschen, daß eine Tatsache oder seine Einschätzung einer Situation bekannt wird. Er möchte dafür aber nicht die Verantwortung übernehmen. Spricht er mit einem Korrespondenten vertraulich, dann hat der den Schwarzen Peter. Er steckt im Dilemma. Veröffentlicht er die Information und hat sich hinsichtlich der Absichten seines Gesprächspartners getäuscht, dann ist er als indiskret gebrandmarkt und hat eine Quelle zugeschüttet. Veröffentlicht er die Information nicht, obwohl genau das geschehen sollte, gilt er künftig als naiv und wird aus diesem Grunde keine vertraulichen Informationen mehr bekommen. Irrtümer lassen sich für die Journalisten in diesem Zusammenhang umso leichter vermeiden, je genauer sie wissen, mit wem sie es zu tun haben. Eine lange, vertrauensvolle »Zusammenarbeit« schützt am ehesten vor folgenschweren Fehlern. Dabei bleibt allerdings häufig jene Distanz auf der Strecke, die zwischen Medien und Politik dem journalistischen Selbstverständnis zufolge eine Voraussetzung für seriöse Berichterstattung ist.

Eine andere Variante des Spiels besteht darin, längst bekannte Tatsachen dem Journalisten in der Hoffnung vertraulich mitzuteilen, daß er dann von einer Veröffentlichung Abstand nimmt. Das erweckt beim Korrespondenten den Eindruck, zum eingeweihten Kreis zu gehören und mahnt ihn zur Vorsicht im Umgang mit dem Thema, will er auch künftig Zugang bei Hofe haben. Ein Sprecher des Verteidigungsministeriums hat mir einmal den kompletten Inhalt eines zwei Wochen alten Artikels aus dem *Handelsblatt* über die geschätzten Kosten des Eurofighters »unter drei« erzählt.

Immer beliebter wird außerdem die Formulierung »unter drei« bei Politikern, die nicht wissen, wie weit sie sich vorwagen dürfen und abwarten, was andere tun. »Ich will ganz offen zu Ihnen sein, aber Sie dürfen das nicht so schreiben«, sagt eine Spitzenpolitikerin von Bündnis 90/Die Grünen im Hintergrundgespräch auf die Frage, was sie von der immer häufigeren Bombardierung ziviler Ziele in Jugoslawien halte. »Ich will da wirklich ganz offen sein«, wiederholt sie und macht eine lange Pause. »Ich finde das schon – problematisch.« Tatsächlich?

Die bündnisgrünen Fraktionsvorsitzenden Kerstin Müller und Rezzo Schlauch versuchen während der Nato-Angriffe gegen Jugoslawien sogar ein Pressegespräch mit immerhin etwa 60 Teilnehmern »unter drei« zu setzen. Falls wir wörtlich zitieren wollten, könnten wir die entsprechenden Passagen ja mit dem Pressesprecher abstimmen, wird uns mitgeteilt. Erst ein bissiger Zwischenruf – »Ist das im Krieg jetzt immer so, daß wir unsere Artikel vorlegen müssen?« – veranlaßt die Repräsentanten einer Partei, die in ihren Gründerjahren selbst Fraktionssitzungen öffentlich abgehalten hat, den Inhalt des Gesprächs dann doch für die Berichterstattung freizugeben.

Auch in Afrika haben Korrespondenten Zugang zu vertraulichen Informationen. Die meisten derjenigen, die in Nairobi akkreditiert sind, haben in den letzten Jahren überwiegend aus Bürgerkriegsgebieten berichtet. Während der Zeit meines Aufenthalts in Kenia herrschte in Somalia eine

Hungersnot, die zum Anlaß für eine große UN-Militäroperation wurde. Sie scheiterte. Äthiopiens Präsident Mengistu Haile Mariam floh aus Addis Abeba und machte den Weg zur Macht für die vormaligen Rebellen frei. In Burundi kam es wiederholt zu blutigen Machtwechseln, seither schwelt dort ein Bürgerkrieg. In Ruanda fand ein Völkermord statt. Der Zerfall des Zaire, der heute wieder Kongo heißt, hatte begonnen. Der Südsudan ist seit Jahren Schauplatz kriegerischer Auseinandersetzungen, und vielfältigen Bemühungen zum Trotz gibt es bis heute keine Hoffnung auf Frieden.

Wir alle sind immer wieder in die Unruheregionen gereist und waren sowohl im Interesse unserer eigenen Sicherheit als auch zur Gewinnung zuverlässiger, unabhängiger Informationen auf Repräsentanten internationaler Organisationen angewiesen, die uns über die Lage unterrichteten. Vertraulich selbstverständlich, denn keine Regierung und keine Bürgerkriegsfraktion der Welt hat es gerne, wenn Ausländer Interna des Landes ausplaudern. Zu strikter Neutralität haben sich fast alle Hilfswerke verpflichtet, und sie werden ohnehin stets verdächtigt, diese Verpflichtung nicht einzuhalten. Wer sich unter diesen Umständen nicht an die Zusage hält, Informationen vertraulich zu behandeln, der riskiert Menschenleben: Er gefährdet zum einen die Mitarbeiter der ausländischen Organisationen, zum anderen kann eine Indiskretion bewirken, daß die Organisation ihre Arbeit vor Ort einstellen muß und diejenigen ohne Hilfe bleiben, die bis dahin von ihr versorgt worden sind.

Zu Beginn meiner Zeit in Bonn fand ich es ausgesprochen mühsam, mich an den so ganz anderen, aus meiner Sicht recht spielerischen Umgang mit vertraulichen Mitteilungen hier zu gewöhnen. Umgekehrt scheinen Kollegen, die aus den geschützten, sicheren Ländern Europas nach Afrika reisen, ähnliche Schwierigkeiten zu haben, sich umzustellen. Der Repräsentant einer der größten humanitären Organisationen der Welt, die ich als besonders zuverlässige Informationsquelle kennengelernt hatte, war in der ruandischen

Hauptstadt Kigali erst bereit, mich zu empfangen, als er erfuhr, daß ich in Nairobi akkreditiert war. Mit Journalisten, die direkt aus Europa eingeflogen seien, spreche er grundsätzlich nicht mehr, teilte er mir mit. Er sei mit politischen Einschätzungen zitiert worden und habe seither größte Schwierigkeiten, die lokalen Autoritäten von der Unabhängigkeit seiner Organisation zu überzeugen. Deren gesamte Arbeit im Land sei in Gefahr.

Die Arbeit deutscher Politiker wird durch Vertraulichkeiten, die sie mit Journalisten austauschen, nicht gefährdet, sondern erleichtert. Fast alle Spitzenkräfte der Parteien laden einen ausgewählten Kreis von Korrespondenten regelmäßig zu Hintergrundgesprächen ein. Unter dem Strich sind diese Zusammenkünfte inhaltlich meist wenig ergiebig. Fast immer geht es weniger um substantielle Nachrichten als um klimatische Einschätzungen und politische Überlegungen eher allgemeiner Art. Da hängt der persönliche Nutzen dann in hohem Maße davon ab, wie fesselnd die Hauptperson der Runde ihre Gedanken vortragen kann. Ich habe in Bonn an einigen Veranstaltungen dieser Art teilgenommen, die sehr, sehr lange zu dauern schienen.

Fernbleiben kann man als Journalistin derartigen Gesprächskreisen dennoch nicht. Zum einen sind die Aussichten auf eine schnelle Stellungnahme zu einem aktuellen Thema umso größer, je besser man die jeweiligen Parlamentarier oder Kabinettsmitglieder kennt. Zum anderen werden gelegentlich in solchen Gesprächsrunden tatsächlich auch Nachrichten verbreitet, die sich am nächsten Tag verwerten lassen. Um Geheimnisse geht es dabei nie. Die Teilnehmer der Hintergrundkreise erfahren eine Neuigkeit lediglich einen oder zwei Tage früher als die übrigen Korrespondenten. Aber das reicht. Wer ist nicht gern schneller als die Konkurrenz?

Allerdings ist unbestreitbar, daß Hintergrundgespräche auch einen sinnvollen Zweck erfüllen, der über die schnelle Verwertbarkeit hinausreicht. Wer seriös über Politiker berichten will, muß sie und das Raster kennen, in dem sich ihre Gedanken bewegen. Pressekonferenzen und öffentliche Debatten allein genügen dafür nicht. Es ist außerdem verständlich, daß Politiker gelegentlich eine Position darstellen wollen, ohne jedes Wort auf die Goldwaage legen zu müssen. Auch Gespräche und Diskussionen in anderen Kreisen litten darunter, müßten die Beteiligten fürchten, am nächsten Tag deren Inhalt vollständig in der Zeitung wiederzufinden.

Es wäre also übertrieben, jegliche Bitte um Vertraulichkeit als Verstoß gegen die ungeschriebenen ethischen Regeln der Beziehungen zwischen Medien und Politik zu brandmarken. Aber die Teilnahme an Veranstaltungen, die allein der Aufnahme scheinbar oder tatsächlich vertraulicher Informationen dienen, nimmt inzwischen einen so breiten Raum in der Arbeit von Korrespondenten ein, daß die Freiheit und die Seriosität der Berichterstattung daran Schaden nimmt. Das Geflecht von Beziehungen zwischen Politikern und Journalisten ist allzu intim geworden.

Ein Mitarbeiter von Klaus Kinkel rief mich an, nachdem ein Artikel von mir über das öffentliche Erscheinungsbild des damaligen Außenministers erschienen war. Er äußerte sein Befremden darüber, daß ich nicht im Zuge der Recherche um ein Hintergrundgespräch mit dem Minister gebeten hatte. Bei anderer Gelegenheit wäre ich an einer solchen Unterhaltung sehr interessiert gewesen. Im Zusammenhang mit einem Beitrag, in dem es ausschließlich um die öffentliche Wirkung Kinkels ging, hätte ich jedoch eine Unterredung mit dem Minister nicht nur als nicht nützlich, sondern im Gegenteil sogar als hinderlich empfunden. Das Thema war eben nicht, sich von einem Politiker erklären zu lassen, wie er etwas gemeint hat und wo er mißverstanden worden ist, sondern darzustellen, wie er verstanden wird.

Kinkels Mitarbeiter hatte mit seinem Anruf allerdings auch nicht das Ziel verfolgt, meine Arbeit zu verbessern. Seine Botschaft war ganz unmißverständlich: Das Auswärtige Amt war irritiert, daß eine längere Geschichte über den Minister erschien, ohne daß die Pressestelle darüber im Vorfeld informiert gewesen war. Es ist verständlich, wenn Ministerien einen solchen Vorgang nicht angenehm finden. Alarmierend aber ist es, daß die Mitarbeiter eine derartige Information inzwischen offenbar für ihr gutes Recht halten und Anlaß für indignierte Nachfragen sehen, wenn sie ausbleibt.

Politiker haben sich daran gewöhnt, nur noch mit von ihnen ausdrücklich genehmigten Äußerungen öffentlich zitiert zu werden. Interviews müssen grundsätzlich »autorisiert« werden, sind also den Befragten vor der Veröffentlichung noch einmal vorzulegen. Diese können dann Korrekturen anbringen. Diese Praxis ist vor vielen Jahren vom *Spiegel* eingeführt worden, um Teilnehmern an langen, ausführlichen Gesprächen die Furcht vor sinnentstellender Zusammenfassung zu nehmen. Inzwischen müssen selbst Kurzinterviews, in denen gerade vier Fragen und Antworten zu einem Sachthema Platz finden, autorisiert werden. Das führt in vielen Fällen dazu, daß Interviews in Printmedien zur reinen Eigenwerbung der befragten Politiker geraten. Die legen sich im Gespräch denn auch manchmal keinerlei Zügel mehr an, sondern plaudern frisch von der Leber weg – es wird ja alles noch einmal von geschulten Pressesprechern gegengelesen.

Oskar Lafontaine ließ aus einem fast zweistündigen Interview, das ein Kollege und ich mit ihm geführt hatten, fast alle brisanten Stellen herausstreichen. »Sie müssen doch gewußt haben, daß er das nur für Ihren Hinterkopf gesagt hat«, erwiderte ein Mitglied seines Stabes auf unseren Protest. Das hatten wir bei einem derartigen Gespräch, das sogar auf Tonband aufgezeichnet worden war, nun allerdings nicht vermutet. »Wenn Sie das so nicht akzeptieren wollen, dann sagt er Ihnen eben nie wieder etwas.« Da weiß man wenigstens, woran man ist.

Allzu wägend gesetzte Worte, die nichts mehr besagen, erschweren den Medien ihr Geschäft ebenso wie die dahinschwindende Streitkultur. Wo nicht mehr die große Linie skizziert wird, sondern allenfalls Fußnoten zu Protokoll gegeben werden, muß auch die Berichterstattung kleinteiliger werden. Angestrengt wirkt oft die Interpretation der Äußerungen von Politikern, aus denen Korrespondenten eine Kursbestimmung hoffen ablesen zu können. Sie erinnert zuweilen an die Kreml-Astrologie vergangener Tage. Es wäre noch zu ertragen, wenn lediglich die Arbeit von Journalisten immer stärker der Tätigkeit von Vernehmungsbeamten gliche. Bedenklicher ist es, daß Politiker sich im Zusammenhang mit öffentlichen Äußerungen inzwischen oftmals verhalten wie Angeklagte: Sich bloß nicht festlegen, nichts zugeben, was nicht bewiesen ist, und stets so formulieren, daß der Inhalt des Gesagten notfalls auch sein Gegenteil bedeuten kann. Langfristig schadet das der Demokratie und dem Vertrauen in die gewählten Repräsentanten.

Im Fernsehen wird seit einiger Zeit regelmäßig die Tagesschau wiederholt, die am jeweiligen Datum vor zwanzig Jahren gelaufen ist. An diesen Sendungen läßt sich erkennen, wie einschneidend sich die Selbstdarstellung der Politiker gewandelt hat. Früher hatten sie mehrere Minuten Zeit, ihre Position zu erläutern, und sie taten es pointiert. Im Gegensatz zu heute war es damals nicht ihr größtes Anliegen, in höchstens 30 Sekunden möglichst vage und unverbindliche Stellungnahmen abzugeben. Die veränderte Mimik ist vielleicht noch aufschlußreicher als der Inhalt des Gesagten. Wenn heute wieder einmal jemand einer raffinierten Fangfrage so geschickt mit einer der Worthülsen aus dem politischen Sprachbaukasten ausgewichen ist, daß sich seiner Antwort gar nichts mehr entnehmen läßt, dann strahlt er stolz wie ein Schulbub in die Kamera. (Schulmädchen sind seltener: Bis heute antworten Politikerinnen im allgemeinen konkreter als ihre männlichen Kollegen.)

Es gibt ein Kinderspiel, in dem es verboten ist, ein bestimmtes Wort zu benutzen: ja oder nein oder grün oder Turnschuh. Wer sich zuerst verspricht, hat verloren. Mit den meisten Politikern von heute hat dieses Spiel früher gewiß niemand öfter spielen wollen. Sie haben bestimmt immer gewonnen.

Einige finden besonderen Gefallen an der fein ziselierten Formulierung und sehen in der Suche danach eine hohe intellektuelle Herausforderung. Der ehemalige CDU-Vorsitzende Wolfgang Schäuble gibt in Gesprächen stets bereitwillig Auskunft, und dennoch verführen viele seiner Antworten zur Suche nach verborgenem Hintersinn. »Man kann sich auf sein Wort hundertprozentig verlassen«, hat einmal eine Fraktionskollegin über ihn gesagt und hinzugefügt: »Allerdings muß man sich genau vergewissern, was sein Wort tatsächlich ist.« Dem stimmt Schäuble zu: »Ich lüg' furchtbar ungern. Deshalb versuche ich, so genau zu formulieren, daß das dann auch gilt.« Im Zusammenhang mit der CDU-Spendenaffäre hat er an diesem Grundsatz bis über die Grenze hinaus festgehalten, an der Sophismus beginnt.

Der langjährige Kronprinz von Helmut Kohl setzt auch bei öffentlichen Auftritten lieber auf das Mittel der subtilen Nuance als auf klare Parolen. Er ist ein Meister des Minimalismus. Ruhige Stimme, sparsame Gesten. Wenn er einem Satz Nachdruck verleihen will, dann schlägt er nicht mit der Faust auf den Tisch. Er klopft nur leicht mit dem Knöchel auf die Platte. Es gibt Redner, die ein Hinterzimmer in ein Stadion verwandeln können. Wolfgang Schäuble macht einen Saal zum Wohnzimmer.

Der Fraktionschef der Union träufelt seine Botschaft in die Ohren des Publikums, statt sie hineinzubrüllen. Ein polnischer Hochschullehrer sei bereit, Erdbeeren zu pflücken, sagt er auf einer Wahlkampfveranstaltung im Düsseldorfer Capitol-Theater leise in seinem gemütlichen badischen Dialekt. Deutsche Arbeitslose wollten das nicht. Denen tue das Kreuz weh. »Wenn sie Kürzungen bei der Sozialhilfe in Kauf nehmen müssen, dann werden die Rückenschmerzen abnehmen.« Ganz mild und sanft kommen die Sätze daher. Schäuble liefert den Stammtischen Munition. Aber er setzt sich nicht dazu.

Wolfgang Schäuble hat es in der Kunst der Mehrdeutigkeit zur Vollendung gebracht. Das ist im Regierungsviertel eine besonders nützliche Fähigkeit, wo sich ohnehin ein Sprachcode etabliert hat, der nur noch von Eingeweihten zu verstehen ist und verstanden werden soll. Wenn die Meldung über eine Mehrwertsteuererhöhung um einen bestimmten Prozentsatz zu einem bestimmten Termin dementiert wird, dann läßt sich für erfahrene Korrespondenten aus dem Dementi häufig eine Bestätigung herauslesen: Wird nur das Volumen bestritten? Oder nur der Zeitpunkt? Oder wird gar nur die Quelle der Information als reine Spekulation bezeichnet? Je genauer die Textexegese, desto vorsichtiger die Gesprächspartner. Ein Teufelskreis.

Schön, daß Politiker wenigstens gelegentlich vom Fluch der Technik eingeholt werden. Für große Aufregung sorgt im August 1997 ein Fernsehinterview, in dem der amtierende Finanzminister Theo Waigel sich öffentlich für amtsmüde erklärt und sinniert, er könne sich auch ein Leben als politischer Kommentator vorstellen. Das wäre selbst in hektischen Bonner Tagen eine gute Geschichte gewesen. Im nachrichtenarmen Sommerloch sind die Äußerungen für die Medien ein glitzerndes Geschenkpaket. Entsprechend verdrossen reagieren diejenigen, die während der Ferienzeit als Stallwachen am Regierungssitz zurückgeblieben sind. Offiziell mögen die Sprecher der Unionsfraktion das Thema nicht kommentieren. Einer meint schließlich dennoch hoffnungsvoll, Theo Waigel habe die Zitate doch gleich dementiert. Auf den Hinweis, daß das bei einem öffentlich ausgestrahlten Fernsehinterview gar nicht so einfach sei, korrigiert er sich: »Na gut, er hat es eben gleich zurückgenommen. Er war vielleicht bei dem Interview ein bißchen durcheinander.«

Das kommt bei Spitzenpolitikern offenbar häufiger vor. Wenige Wochen vor der Bundestagswahl nimmt Familienministerin Claudia Nolte an einer Podiumsdiskussion im thüringischen Suhl teil. Ein Kontrahent von Bündnis 90/Die Grünen äußert den Verdacht, im Falle eines Wahlsieges werde die Regierung die Mehrwertsteuer erhöhen. Ob denn jetzt von ihr dazu ein klares Nein zu hören sei, will der Moderator wissen. Ganz im Gegenteil. Die Ministerin lehnt sich in ihrem Stuhl zurück und verkündet: »Da hören Sie von mir ein klares Ja.« Die erkennbare Überraschung des Gesprächsleiters wird von ihr mit einem tadelnden Verweis bestraft: Er als Journalist sei doch des Lesens mächtig. Die geplante Steuererhöhung sei Konzept ihrer Partei. Dann fügt sie hinzu: »Wir müssen im Wahlkampf ehrlich sein.«

So ehrlich nun auch wieder nicht. Claudia Nolte schafft es mit ihrer Ankündigung, zur Spitzenmeldung aller Nachrichtensendungen zu werden. Da dämmert ihr allmählich, was sie angerichtet hat, und sie läßt über ihr Ministerium verbreiten, ihr sei »in der Hitze des Gefechts« ein »Versehen« unterlaufen. Weiter behauptet sie in der Pressemitteilung tapfer: »Es bleibt bei dem, was wir im Deutschen Bundestag zur Steuerreform beschlossen haben: Wir wollen eine breite Steuerentlastung für Bürger und Betriebe, keine Mehrwertsteuererhöhung.« Diese Aussage hat sie nun allerdings auch im zweiten Anlauf mit dem Versuch scheitern lassen, die Steuerpolitik der Regierung zutreffend zu umreißen. Die Union hat sich bis dahin weder eindeutig für noch gegen eine Mehrwertsteuererhöhung ausgesprochen. Wer gelernt hat, daß sich alle Äußerungen ständig widerrufen lassen und außerdem jederzeit als vertraulich bezeichnet werden können, der bewegt sich bei öffentlichen Diskussionen eben auf dünnem Eis.

Derlei Patzer beleben das Geschäft. Sie werden seltener. Das liegt auch daran, daß ein Politiker, der eine Information streuen möchte, sich dafür schon lange nicht mehr selbst aus dem Gebüsch wagen muß, vor allem dann nicht, wenn er in der Hierarchie weit oben steht. Immer größeren Einfluß gewinnen Drahtzieher hinter den Kulissen, die heute mit dem amerikanischen Ausdruck »spin doctors« bezeichnet werden. Sie geben die Positionen ihrer Chefs wieder, ohne daß diese persönlich dafür haftbar gemacht werden können. Der Sprecher von Friedrich Merz, der Mitarbeiter von Joschka Fischer, der außenpolitische Berater von Gerhard Schröder: was sie zu sagen haben, ist allemal interessanter als die Auskünfte von Hinterbänklern im Bundestag und in den meisten Fällen sogar wichtiger als Informationen von Abgeordneten aus der zweiten Reihe.

Die Rolle der Drahtzieher im Nachrichtengeschäft ist ein weiterer Beleg dafür, daß sich Macht im politischen Betrieb der Bundesrepublik zunehmend von formalen Gremien in informelle Kanäle hinein verlagert. Indiskretionen sorgen nicht für die Transparenz der politischen Entscheidungsprozesse, sondern steigern lediglich die Bedeutung von Küchenkabinetten und Seilschaften. Wenigstens auf die alten Kumpel wird man doch noch bauen dürfen. Zur Hölle mit Legitimität und Mandat. Indiskretionen befördern aber auch virtuelle, selbstreferentielle Diskussionen. Der Triumph der Medien, über eine vertrauliche Information zu verfügen, läßt oft die Frage aus dem Blickfeld geraten, ob diese Information eigentlich irgend etwas mit der politischen Realität zu tun hat.

Mindestens ebensosehr wie für das kleine Gespräch am Rande gilt das für interne Papiere, die Journalisten auf verschwiegenen Kanälen zugesteckt bekommen. »Daß diese Papiere an die Öffentlichkeit gelangt sind, das ist natürlich eine peinliche Panne«, sagt eine Berliner ZDF-Korrespondentin, als vertrauliche Aufzeichnungen aus dem Arbeitsministerium zum Thema Rente für Aufsehen sorgen. Panne? Wo lebt die Kollegin? Das ist keine Panne, das ist Alltag und ein besonders probates Mittel, politische Gestaltung zu torpedieren.

Die Medien unterscheiden nur selten zwischen dem Mut, der dazu gehört, Skandale und Intrigen zu enthüllen und Indiskretionen, die eigene Ziele und Interessen verfolgen. Aus Gier nach der exklusiven Nachricht lassen sich Journalisten für Zwecke benutzen, die ihnen selbst oft nicht klar sind. Es gibt in der Bundesrepublik vermutlich so gut wie kein politisches Papier von einiger Brisanz, das nicht irgendwann an die Öffentlichkeit gerät. Gelegentlich entsteht sogar der Eindruck, manche Papiere würden eigens für diesen Zweck geschrieben. Auf die Gestaltung von Politik sind die Auswirkungen der medialen Omnipräsenz verheerend. Wenn Minister jeden ersten Entwurf ihres Hauses zu einem beliebigen Sachthema am nächsten Tag in Leitartikeln begutachtet finden, dann sind sie gut beraten, ergebnisoffenes Nachdenken in ihren Häusern so weit wie möglich zu unterbinden.

Im ersten Amtsjahr der Regierung Schröder kam es zu besonders vielen gezielten Indiskretionen aus verschiedenen Ministerien. Diese Häufung legt den Verdacht nahe, daß leitende Mitarbeiter bestimmte Pläne ihrer neuen Vorgesetzten durch eine verfrühte öffentliche Diskussion über noch unfertige Konzepte zu verhindern suchten. Die Folgen sind weder demokratischen Entscheidungsprozessen dienlich noch erhöhen sie das fachliche Niveau einer Vorlage. Wer ein- oder zweimal erfahren hat, daß er sich im eigenen Haus nicht auf Verschwiegenheit verlassen kann, der wird nur noch in dem kleinen Kreis derjenigen über seine Pläne sprechen, denen er wirklich vertraut. Das müssen nicht die qualifiziertesten Mitarbeiter sein.

Politiker machen für den Verfall der Sitten gern beutehungrige Sensationsreporter verantwortlich. Eine erfrischend schlichte Schuldzuweisung. Wortlautprotokolle aus dem Kabinett kann nur drucken, wer sie zugesteckt bekommt. Medien und Politiker benutzen sich gegenseitig, aber nur die eine Seite kann im Alleingang aus dem Spiel aussteigen. Ein Minister, der keine Indiskretionen begeht, hat deswegen noch nicht zwangsläufig eine schlechte Presse. Ein Korrespondent, der ein ihm zugespieltes, vertrauliches Papier nicht veröffentlicht, darf es am nächsten Tag bei der Konkurrenz lesen. Das ist seinem beruflichen Werdegang nicht förderlich.

Mir ist ein Entwurf des Wahlprogramms von Bündnis 90/Die Grünen zu einem Zeitpunkt in die Hand gedrückt worden, zu dem ich dessen Veröffentlichung nicht für richtig hielt. Die Endfassung des Programms wurde mit großer Spannung erwartet, weil die Partei darin substantielle Korrekturen an einigen ihrer bisherigen Forderungen plante und den genauen Formulierungen erheblicher Einfluß auf die Wahlchancen der Grünen zugeschrieben wurde. Allerdings hatte die Öffentlichkeit keinen Anspruch darauf, den mir zugesteckten Entwurf zu kennen. Der interne Diskussionsprozeß war längst nicht abgeschlossen, Änderungen waren vorgesehen. Dennoch habe ich keinen Augenblick auch nur in Erwägung gezogen, das Papier zunächst in der Schreibtischschublade liegen zu lassen. Alle, die in Bonn über diese Partei berichteten, wollten es gern bekommen. Ich würde nicht lange die einzige bleiben, die es hatte. Wenn der Entwurf denn schon auf dem Markt war, dann sollte er zuerst in meiner Zeitung zu lesen sein. Das ist gut fürs Image – für das der Arbeitgeberin ebenso wie für das eigene.

Verhalte ich mich in diesem Zusammenhang nicht genau so, wie ich es bei der Regierung kritisiere? Politikern werfe ich vor, wenn sie Waffenexporte nur deshalb genehmigen, weil sonst die Rüstungsindustrie eines anderen Landes den lukrativen Auftrag bekommt. Wo ist der Unterschied? Es gibt keinen. Zu behaupten, im einen Fall gehe es um todbringende Waffen, im anderen »nur« um ein Wahlprogramm ist eine bequeme Ausrede, die strukturelle Gemeinsamkeiten außer acht läßt. In beiden Fällen wird eine Entscheidung ausschließlich unter dem Aspekt des größtmöglichen kurzfristigen Nutzens getroffen, ohne daß die Notwendigkeit gesehen wird, sie in ein Koordinatensystem des beruflichen Selbstverständnisses zu integrieren.

Selbst seriöse Medien reflektieren ihre Arbeit und deren Folgen in immer geringerem Maße. Auch daran zeigt sich der niedrige Stellenwert, den die demokratische Streitkultur inzwischen bei denen einnimmt, die sie zu verteidigen hätten. Ich kann mich aus meiner Zeit in Bonn an keinen einzigen Fall erinnern, in dem die Tatsache als solche verurteilt worden wäre, daß ein vertrauliches Papier an die Öffentlichkeit gelangt ist. Leitartikel beschäftigen sich mit dem Inhalt der Papiere, nicht mit den Wegen, die diese zurückgelegt haben. Das hängt sicher auch damit zusammen, daß jede Kritik an einer unzeitgemäßen Veröffentlichung den Vorwurf nahelegt, man bezeichne Trauben als sauer, an die man selbst nicht herangekommen ist.

Pressefreiheit bedeutet, Informationen ungehindert verbreiten, Entwicklungen und Entscheidungen ohne Angst vor Repressionen kommentieren und Fehlverhalten aufdecken und anprangern zu dürfen. Pressefreiheit bedeutet nicht, jene Institutionen und Personen, die Gegenstand der Berichterstattung sind, daran zu hindern, ihre Arbeit zu tun. »Unter der Wächterfunktion der Medien hatten wir bisher etwas anderes verstanden als das Belagern von Hauseingängen«, schreibt Wolfgang Schäuble, nachdem er und andere Teilnehmer eines Gesprächs über die geplante Steuerreform heimlich durch eine Hintertür vor Journalisten geflohen waren. Eine für beide Seiten entwürdigende Szene. Wie sollen Leute zu vernünftigen Ergebnissen kommen, wenn sie nach einer Arbeitssitzung nicht einmal Zeit haben, ihre Gedanken zu sammeln, bevor sie sich einem Pulk von Kameras gegenübersehen?

Wenn die Politik versucht, Einfluß auf die Medien zu nehmen, bedient sie sich dafür heute in Deutschland subtilerer Formen als plumper Drohungen oder Bestechung. Wir Journalisten dienen oft als willfährige Instrumente interessierter Kreise, gelegentlich, ohne es auch nur zu merken, häufiger noch, ohne zu wissen, für welches mittelfristige Ziel wir gerade eingespannt werden. Wenn wir nicht dem beständigen Glaubwürdigkeitsverlust unseres Berufsstandes weiterhin zusehen wollen, dann brauchen wir in unserem eigenen Interesse dringend eine Diskussion über die geeignete

Art und Weise, auf die modernen Versuche der Instrumentalisierung zu reagieren.

Der Einwand sticht nicht, ein den herrschenden Bedingungen angepaßter, neuer Verhaltenskodex sei angesichts des großen Konkurrenzdrucks nicht durchsetzbar. Auch in anderen Bereichen wie etwa den Grenzen der Berichterstattung über das Privatleben von Prominenten haben sich neben den gesetzlichen einige ungeschriebene Regeln etabliert, die weitgehend beachtet werden. Die Versuchung, Quoten und Auflage mit pikanten Details zu steigern, dürfte in diesem Zusammenhang mindestens so groß sein wie bei politischen Themen.

Dennoch gibt es derzeit keine Hinweise auf den Beginn dieser überfälligen Selbstreflexion. Nicht nur viele Politiker, sondern auch zahlreiche politische Journalisten stehen unter dem beherrschenden Eindruck, unabweisbaren Sachzwängen ohnmächtig ausgeliefert zu sein und diese in ihrer Komplexität nicht durchdringen zu können. Wer das Gefühl hat, sich in einem undurchdringlichen Dickicht zu bewegen, ist für jede Hilfe bei der Suche nach einem Weg dankbar. Das hat das Einfallstor der Medien für Einflußnahme durch Politiker weit geöffnet.

Die politisch Gefangenen

Manchmal gelingt einem Fotografen ein Bild, das sich tief ins öffentliche Bewußtsein eingräbt. Es hat mehr eingefangen als die flüchtige Stimmung eines Augenblicks. Das Foto von Willy Brandt aus dem Jahre 1970, kniend vor dem Mahnmal des Warschauer Ghettos, ist eine solche Aufnahme. Keine andere symbolisiert in gleichem Maße die Persönlichkeit des SPD-Politikers und das Anliegen, für das er stand. Auch von Oskar Lafontaine gibt es ein Bild, mit dem er im Gedächtnis bleiben wird. Er steht auf dem Balkon seines Hauses in Saarbrücken, den Sohn Carl-Maurice auf den Schultern, und er lächelt von oben herunter und von oben herab.

»Seit Donnerstag bin ich Privatmann«, sagt Lafontaine bei dieser Gelegenheit zu den Journalisten, die in der Hoffnung auf eine Stellungnahme vor seinem Haus ausharren. »Öffentliche Leute müssen Interviews geben, ich nicht.« Selbst wenn er nur einen Scherz machen will, der mißglückt ist: Die Sottisen schlagen all denen ins Gesicht, die seit zwei Tagen auf eine Erklärung für den Rückzug des SPD-Politikers von allen Ämtern warten. Unter ihnen sind viele Anhänger und Parteifreunde, die sich angesichts der dramatischen Umstände seiner überraschenden, fluchtartigen Abreise aus Bonn um Oskar Lafontaine sorgen.

Eine ausführliche Begründung seines aufsehenerregenden Schritts werden sie erst mehr als ein halbes Jahr später erhalten, und dann müssen sie dafür ein Buch kaufen oder doch wenigstens die Zeitungen, in denen Auszüge des Werks veröffentlicht werden. Lafontaine hat es all denen leicht gemacht, die ihn schon vorher aus politischen Gründen nicht schätzten. Wer seinen Kurs unterstützt hat, wird hingegen noch lange aus der Defensive heraus zu argumentieren haben. »Das, was Sie jetzt sagen, hat Lafontaine auch schon gesagt.« Deshalb muß es noch nicht falsch sein.

Natürlich ist jemand, der sich in ein so wichtiges Amt hat wählen lassen, denen zur Rechenschaft verpflichtet, die ihm ihr Vertrauen geschenkt haben. Aber die Mißachtung der guten Sitten allein hätte nicht ausgereicht, um dem Foto von Lafontaine eine über den Tag hinausreichende Symbolkraft zu verleihen. Die Bedeutung liegt in einem anderen Aspekt: Endlich einmal hat einer das ausgeführt, wovon seine Kollegen oft sprechen. Zu oft.

Viele Politiker gefallen sich darin, die Öffentlichkeit in einer seltsamen Mischung aus Larmoyanz und Koketterie immer mal wieder am Nachdenken über ihren Rückzug aus der Politik teilhaben zu lassen. In diesem scheinbar spielerischen Umgang mit der Macht unterscheiden sich diejenigen, die heute den Ton angeben, von ihren Kollegen früherer Generationen. Aber das Gerede über Alternativen ist eben nur scheinbar spielerisch. Die Betonung, man habe doch die Wahl zwischen ganz vielen unterschiedlichen Lebensentwürfen, ist ausgerechnet in einer Zeit häufig zu hören, in der die meisten gar keine Wahl mehr haben. Für eine andere Tätigkeit als die Politik sind sie nach einigen Jahren im parlamentarischen Betrieb nicht mehr qualifiziert. Das System der Bundesrepublik erzwingt den Berufspolitiker und läßt die Politik als begrenzten Abschnitt einer Biographie, in der andere Tätigkeiten mindestens ebenso wichtig sind, nur in Ausnahmefällen zu.

Niemand hat sich vorstellen können, daß Oskar Lafontaine von einer Stunde zur anderen die politische Bühne verlassen könnte. Die Ungläubigkeit hält bis heute an. Nur so ist zu erklären, daß die Spekulationen über ein mögliches Comeback lange nicht verstummen wollten, obwohl sich ein Szenario dafür nicht denken ließ. Das Foto von Vater und Sohn auf dem Balkon des eigenen Heims war der materielle Beweis dafür, daß ein Ereignis tatsächlich stattgefunden hatte, an das niemand zu glauben vermochte – gerade, weil es in anderen Zusammenhängen und von anderen Leuten wieder und wieder angekündigt worden war.

In fast jedem ausführlichen Interview der letzten Jahre habe ich danach gefragt, was der oder die Betreffende täte, wäre die politische Karriere zu Ende. Sehr selten habe ich die Antwort bekommen, daß dann andere Wege gefunden werden müßten, um für die eigenen Ziele weiter streiten zu können. Es war fast allen Befragten ein erheblich größeres Anliegen nachzuweisen, daß ihnen persönlich individuelle Alternativen zur Verfügung stünden: »Dann schreibe ich eben Bücher.« – »Ich kann jederzeit in meinen alten Beruf zurückkehren.« – »Wenn man wirklich Geld verdienen will, geht man sowieso in die Industrie.«

Diesen letzten Satz haben so viele Parlamentarier so oft in Kameras gesagt und in Notizblöcke diktiert, daß sie allmählich selbst daran zu glauben scheinen. Die Bemerkung offenbart, wie groß die unerfüllte Sehnsucht zahlreicher Politiker danach ist, daß die Bevölkerung ihre Leistung anerkennt. Diesen Anspruch aus einer pekuniären Begründung herzuleiten ist eine unverfängliche Möglichkeit, eine Botschaft zu transportieren, die von tiefer Kränkung spricht: Wenn ich mich nicht so für euch aufopferte, könnte ich doch ein viel besseres Leben führen. Und ihr dankt es mir nicht einmal.

Es ist jedenfalls zu hoffen, daß diejenigen, die ihre Einkommensverhältnisse thematisieren, nur diese Botschaft aussenden wollen. Eine andere mögliche Interpretation wäre bedenklicher. In Afrika käme kein Politiker auf die Idee, von höheren Verdienstmöglichkeiten in anderen Branchen zu sprechen. Aus gutem Grund. Die vielfältigen Möglichkeiten der persönlichen Bereicherung, die ein öffentliches Amt dort mit sich bringt, sind für zahlreiche Mitglieder der alteingesessenen Oligarchien, aber auch der noch jungen Oppositionsbewegungen der stärkste Anreiz, sich überhaupt um ein solches Amt zu bemühen.

Es hat in der Bundesrepublik immer wieder, und gerade in jüngster Zeit, Affären gegeben, die zeigten, daß auch manche deutschen Politiker gern Gelegenheiten ergreifen, die sich ihnen bieten. Der Regelfall ist es hierzulande nicht.

Dennoch erzeugt es einen unangenehmen Beigeschmack, wenn Abgeordnete sich mit Industriekapitänen vergleichen. Es spricht nicht für großes Selbstbewußtsein der Gewählten.

So ganz zu verstehen ist übrigens nicht, warum Parlamentarier die fabelhaften Aufstiegschancen so selten ergreifen, die sich ihnen in dem Bereich angeblich bieten, den sie auch gern die »freie Wirtschaft« nennen. Denn sie behaupten ja auch fraktionsübergreifend, nicht an dem interessiert zu sein, was jahrhundertelang als beherrschender Anreiz für den Weg in die Politik galt: an der Macht. Abgeordnete und selbst Minister tun übereinstimmend so, als zeuge das Streben nach Macht und Einfluß bereits für sich genommen von einem schlechten Charakter. Dabei geht es doch darum, für welche Ziele sie eingesetzt werden.

Deutsche Politiker möchten gern gerufen werden und sich auch dann noch ein bißchen sträuben. Die Anekdote, der zufolge Gerhard Schröder nach einem feuchtfröhlichen Abend am Zaun des Kanzleramts gelärmt hat, er wolle da hinein, ist eine erfrischende Ausnahme. Immerhin hat einmal einer gesagt, daß er gern Bundeskanzler werden möchte. Wenn auch im angetrunkenen Zustand.

Bei den Unionsparteien hat es hingegen Tradition, so zu tun, als wolle man den Status des Kronprinzen oder der Kronprinzessin gar nicht. Bayerns Ministerpräsident Edmund Stoiber hatte kurz nach den Bundestagswahlen wissen lassen, daß er das Amt des Regierungschefs nicht anstrebe. Für den CDU-Politiker Jürgen Rüttgers stellte sich die Frage überhaupt nicht, und Volker Rühe hatte bis zum Abend der verlorenen Landtagswahlen den Eindruck erweckt, seinen politischen Lebensabend in Schleswig-Holstein verbringen zu wollen. Der damalige Fraktionsvorsitzende Wolfgang Schäuble hatte 1997 wenigstens einmal eingeräumt, er könne der Versuchung wohl nicht widerstehen, wenn das Amt auf ihn zukäme. Damals sah es für kurze Zeit so aus, als bestünde die Chance, daß Helmut Kohl in größerem zeitlichen Abstand zu den nächsten Wahlen den Weg für einen Nachfolger freiräumte. Er tat es nicht. Wie groß wäre Schäubles Enttäuschung, wenn er niemals Kanzler würde? Im Oktober 1998 antwortet er auf meine Frage: »Ich wäre erleichtert.« So. Na, dann.

Es gab also in Bonn und es gibt in Berlin fast niemanden, der sich um Macht bemüht. Der Versuch, der Öffentlichkeit das einreden zu wollen, ist ziemlich albern, aber wenigstens wissen das die Politiker selber. Der wiederholte Hinweis auf die hohen Gehälter in anderen Branchen legt dagegen den Verdacht nahe, daß die Abgeordneten einer kollektiven Lebenslüge zum Opfer fallen. Zwar werden Spitzenpositionen in der Industrie tatsächlich besser bezahlt als in der Politik, aber eben nur die Spitzenpositionen. Es ist nun keineswegs so, daß deutsche Großunternehmen täglich die Mitglieder des Deutschen Bundestages anflehen, endlich ihre Mandate niederzulegen, damit sie auf Vorstandsposten segensreich wirken können. Tatsächlich werden vergleichsweise wenigen Politikern nach ihrem Ausscheiden besonders lukrative und interessante Tätigkeiten angeboten. Wäre es anders, dann ließen sich die großzügig bemessenen Übergangsgelder nicht rechtfertigen.

Einen Tag, nachdem ich diese Absätze geschrieben hatte, las ich ein längeres Interview mit dem damaligen FDP-Generalsekretär Guido Westerwelle. »Wie lange werden Sie es in der deutschen Politik noch aushalten?«, wurde er gefragt. Die Antwort: »Nicht mehr sehr lange. Etwa mit Mitte vierzig möchte ich aussteigen, um was Neues zu machen.« Und weiter: »Wahrscheinlich gehe ich in die Wirtschaft, vielleicht schreibe ich Bücher.« Man wird sehen. Parteivorsitzender wollte er übrigens nicht werden. Das hat er in dem Interview auch gesagt.

Die Behauptung, Abgeordneten stünden alle Wege offen, verrät, daß die meisten Parlamentarier ihrem Berufsstand selbst keine große Achtung mehr entgegenbringen. Sie brauchen für ihr Selbstwertgefühl den Glauben, daß sie gewiß in einem anderen Gewerbe mindestens ebenso erfolgreich wären. Eine Einstiegsvoraussetzung für den Beruf des Politikers ist eine feste persönliche Überzeugung und der Wunsch, Anhänger und Mitstreiter für diese Überzeugung zu gewinnen. Darüber hinaus bedeutet die Arbeit per definitionem Dienst an der Allgemeinheit.

Es gibt nur wenige Berufe, die sich mit dem des Politikers vergleichen lassen, aber es gibt sie, und gerade der Vergleich offenbart die Leichtfertigkeit der Tändelei mit alternativen Lebensentwürfen. Was wäre von einem Pfarrer zu halten, der seiner Gemeinde regelmäßig mitteilte, er könne in der Industrie viel mehr verdienen als bei der Kirche? Nun ließe sich einwenden, die Tätigkeit des Parlamentariers sei kein Beruf, sondern ein auf Zeit ausgeübtes Mandat, das jemandem durch Wahl verliehen werde und das er jederzeit durch eine Wahl wieder verlieren könne. Schon recht. Das Ritual der Aufstellung von Landeslisten, die auf den sicheren Plätzen nur wenige Überraschungen bergen, bedeutet mindestens bei den großen Parteien eine berufliche Absicherung, von der Mitarbeiter anderer Branchen nur träumen können.

Oskar Lafontaine hat also den Bettel tatsächlich hingeschmissen und nicht nur davon geredet. In der Radikalität seines Verhaltens unterscheidet er sich damit von anderen. Im Ansatz des Denkens ist er ihnen ähnlicher, als es diesen und ihm selbst gefallen mag. Er war nicht der erste führende SPD-Politiker in der Geschichte der Bundesrepublik, der offene Rechnungen mit Parteifreunden zu begleichen hatte. Herbert Wehner, Willy Brandt und Helmut Schmidt haben einander schlimme Verletzungen zugefügt, und ihr Verhältnis war, wie wir heute wissen, schon zu einem Zeitpunkt zerstört, als die Troika noch gemeinsam die Geschicke des Landes und ihrer Partei lenkte. Aber es ist unvorstellbar, daß einer von ihnen Intrigen eines der anderen zum Anlaß genommen hätte, sich völlig aus der Politik zu verabschieden, und das dann auch noch öffentlich zugegeben hätte.

Vieles spricht dafür, daß diese unterschiedlichen Verhaltensweisen der Politiker von einst und derer von heute in stärkerem Maße auf die Zugehörigkeit zu verschiedenen Generationen als auf die jeweiligen Persönlichkeitsmerkmale zurückzuführen sind. »Helmut Kohl ist der erste Bundeskanzler, der mit seiner Biographie ganz der Bundesrepublik Deutschland angehört«, schreibt Jürgen Busche in seinem Buch »Anatomie eines Erfolgs« über den damaligen Regierungschef. Das ist unbestreitbar richtig im Blick auf den beruflichen Werdegang des schon sehr jung erfolgreichen CDU-Politikers. Aber es stimmt dennoch nicht für den gesamten Lebensweg. Kohl ist Jahrgang 1930. Kindheits- und Jugenderinnerungen fielen auch bei ihm noch in die Zeit des Nationalsozialismus. Den Zweiten Weltkrieg und die Nachkriegsjahre hat er als Heranwachsender erlebt.

Alle Spitzenpolitiker der Bundesrepublik, die ebenso alt wie Kohl oder älter sind, haben immer wieder den prägenden Einfluß der Erfahrungen betont, die sie in dieser Zeit gemacht haben. Viele begründeten damit ihren Entschluß, in die Politik zu gehen. Dabei spiegeln Ziele wie »nie wieder Krieg« und »nie wieder Auschwitz« als Antrieb für ein politisches Leben nur einen Teil des Spektrums wider. Der Wunsch, Deutschland wieder zu Ansehen in der Welt zu verhelfen und die Folgen des Krieges, vor allem die deutsche Teilung, zu überwinden, war für andere ein noch stärkerer Beweggrund.

Die Nachgeborenen haben den Anstoß für politisches Engagement nur in seltenen Ausnahmefällen aus eigenem Erleben heraus bekommen. Die meisten bezogen ihre Motivation aus zweiter Hand: aus der Vergangenheit, aus vermittelter Geschichte. Dieses für ein Problem zu halten, hat nichts mit der frivolen Ansicht zu tun, schwere Zeiten leisteten einen nützlichen Beitrag zur Charakterbildung. Es kann jedoch nicht ohne Folgen für das Selbstverständnis von Politikern bleiben, wenn mindestens zwei Generationen von ihnen in dem Bewußtsein groß geworden sind, keine ihrer eigenen Erfahrungen ließe sich an Bedeutung mit den Erfahrungen messen, die ihre Eltern und Großeltern gemacht hatten. Gerhard Schröder ist am 7. April 1944 geboren. Seine ersten bewußten Erinnerungen und die seiner Zeitgenossen reichen nicht weiter zurück als in die Zeit des Wirtschaftswunders, wenn auch im Fall des derzeitigen Kanzlers die eigene Familie daran nicht teilhatte.

Die Stunde Null war längst vorbei, als Politiker wie Schröder und Lafontaine, wie Wolfgang Schäuble, Joschka Fischer, Volker Rühe und Rudolf Scharping begannen, sich für öffentliche Angelegenheiten zu interessieren. Der völlige Zusammenbruch Deutschlands hatte ihren Vorgängern, der damals jungen Generation, neben allen Problemen auch eine große Chance geboten. Das schwindelerregende Tempo, in dem der Wiederaufbau in Westdeutschland voranschritt und neue, demokratische Institutionen sich etablierten, ließ diejenigen, die daran mitwirkten, unmittelbar erleben, daß die Gestaltung von Politik nicht folgenlos bleibt. Sie durften das, was sie taten, für wichtig halten.

Die Entwicklung der Bundesrepublik Deutschland hat gezeigt, daß die Kontinuität der Geschichte größer und der Neubeginn weniger radikal war, als manche erhofft und andere befürchtet hatten. Die Legende, nach dem Krieg hätten alle gleichermaßen ganz von vorn anfangen müssen, und selbst Großkonzerne seien nur mit der bloßen Hände Arbeit fleißiger Unternehmer wieder entstanden, wird heute nicht einmal mehr an Stammtischen geglaubt. Das ändert nichts daran, daß die Nachkriegsgeneration meinte, ihre eigene Welt aus dem Nichts erbauen zu können. Dieser Glaube hat ihr Leben geprägt.

Eine latente, ihnen selbst oft wohl gar nicht bewußte Geringschätzung der Erfahrungen Jüngerer speist sich bei den Alten bis heute aus diesem Abschnitt ihrer Biographie. Im Juni 1998 hält Helmut Kohl die Laudatio auf das neue Buch von Wolfgang Schäuble »Und sie bewegt sich doch«. Der Band sei der Zukunft zugewandt, sagt der Kanzler. Dann spricht er über den Euro und die deutsche Währungsreform nach dem Krieg. Er erinnert sich, wie er damals vier-

zig Mark auf die Hand bekommen hat und das meiste Geld
zu Hause abgab. Ganz selbstverständlich sei das gewesen,
damals. Wolfgang Schäuble habe »einen großen Teil« dieser
Zeit miterlebt. Diesen nun eben gerade nicht. 1948 war
Schäuble fünf Jahre alt.

Als die Politikergeneration von heute erwachsen wurde,
waren die Weichen bereits gestellt. Alle wesentlichen Entscheidungen waren getroffen. Zur Jugend gehört die Illusion, am Anfang der Geschichte zu stehen und das Univer-
sum neu erfinden zu können – eine Illusion, die Älteren stets
auf die Nerven gegangen, die aber dennoch ein Motor von
Entwicklung ist. In Deutschland haben sich mehrere Generationen dieser Illusion niemals hingeben können. Zu tief
war der Einschnitt in der Geschichte gewesen, zu übermäch-
tig und dauerhaft der Eindruck des Neubeginns, den sie verpaßt hatten. Wie sollte im saturierten Deutschland der 90er
Jahre ein SPD-Vorsitzender mit historischem Bewußtsein
von sich selbst glauben dürfen, er sei ein ebenbürtiger Nachfolger des Widerstandskämpfers Willy Brandt? Der Begriff
der »Enkelgeneration« ist tragisch. Männer und Frauen, die
heute oft selbst schon Großeltern sind, haben ihr Leben als
Erben verbracht.

Warum scheinen die Repräsentanten der bürgerlichen
Parteien an dieser Last weniger schwer zu tragen als die Vertreter des ehemals linken Spektrums der Politik? Vielleicht
deshalb, weil es ihnen nicht als Versagen, sondern als Erfolg
erscheint, daß der Neubeginn in Deutschland nicht alle
Bereiche umfaßte. Vielleicht auch deshalb, weil großen Teile
des bürgerlichen Milieus eher an der Relativierung der deutschen Schuld als an ihrer Bezahlung gelegen ist, und somit
auch den Nachgeborenen noch eine Aufgabe bleibt. Einige
von ihnen erfüllen sie erschreckend erfolgreich.

Aus anderen Gründen haben sich auch manche – wenige –
Sozialdemokraten und Grüne von dem Gefühl befreien können, mit zu kleinen Schuhen in die Fußstapfen ihrer Vorgänger treten zu müssen. Es kommt in der Gesellschaft der Bun-

desrepublik nicht häufig vor, daß jemand, der in ärmliche Verhältnisse hineingeboren ist, es bis ganz nach oben schafft. Der Traum des am Ende millionenschweren Tellerwäschers wird in den USA mit dem freien Unternehmertum, in Deutschland vor allem mit dem Lottospiel in Zusammenhang gebracht. Bezeichnenderweise hat das Wort »Aufsteiger« im Sprachgebrauch eine abfällige Bedeutung und drückt nicht etwa Anerkennung aus. Umso mehr brauchen diejenigen, die zu dieser Gruppe gerechnet werden können, besonderes Durchsetzungsvermögen und ein großes Zutrauen in die eigenen Fähigkeiten. Den beiden heute mächtigsten Politikern der Republik – dem Kanzler und seinem Stellvertreter – ist es gelungen, die unsichtbaren Absperrungen vor den sozialen Gräben zu überwinden. In vieler Hinsicht hatten sie es in ihrer Jugend schwerer als die meisten ihrer Altersgenossen. Aber deren Last, zu spät geboren zu sein, teilen sie nicht.

Die Mutter von Gerhard Schröder mußte für den Lebensunterhalt ihrer Kinder putzen gehen. Der Vater von Joschka Fischer hat als Metzger gearbeitet. Sein Sohn erzählt, es sei schwer gewesen, »aus dieser Enge« des Elternhauses herauszukommen. Einer, der von unten kommt und nach oben will, muß daran glauben, daß er sich von kindlicher Prägung befreien und zu völlig selbstbestimmten Erkenntnissen gelangen kann. Die eigenen Normen werden zum einzig gültigen Maßstab erhoben, weil alle anderen Normen sich für die selbstgesteckten Ziele als unbrauchbar erwiesen haben: Darin ähneln diejenigen, die soziale Grenzen überwinden, denen, die eine Stunde Null erleben. Allerdings haben Gerhard Schröder und Joschka Fischer keinen kollektiven Neuanfang erfahren. Ihre Premieren fanden stets für sie ganz allein statt. Die Schwierigkeiten, die beide mit der Anpassung an ihre jeweiligen Parteien haben, dürften sich mindestens teilweise auch daraus erklären. Ihre größten Erfolge haben sie eben als Einzelkämpfer errungen.

Wem ein so großer Sprung gelingt, der muß von der eigenen Bedeutung in besonderem Maße überzeugt sein. Vor
allem Joschka Fischer nutzt Anlässe der unterschiedlichsten
Art, um das dramatische Schauspiel seines Lebens öffentlich
aufzuführen. Ob er vor laufenden Kameras sein Elend als
verlassener Ehemann zelebriert und sich danach bis zum
Marathonläufer hochjoggt, ob er sich auf sein erstes Ministeramt in Turnschuhen vereidigen läßt, ob er den Bundestagspräsidenten im Parlament wohlüberlegt und »mit Verlaub« als »Arschloch« beschimpft oder ob er ein Buch über
die Mühen von sportlichem Training und Gewichtsabnahme
verfaßt: stets vertritt er nicht nur die Sache, für die er gerade
steht, sondern setzt sich gleichzeitig selbst in Szene. Selbst
der Kosovo-Krieg diente ihm noch als Folie für den eigenen
Reifungsprozeß. Über Helmut Kohl hat Fischer gesagt, der
sei ein »pfälzisches Gesamtkunstwerk«. Das entspricht dem
Menschenbild des Außenministers, und durch den Spott
schimmerte Bewunderung.

Weder Fischer noch Gerhard Schröder scheinen ein
Gefühl zu kennen, das im Parlament zwar unter viel Theaterdonner gut versteckt wird, aber dennoch Abgeordnete
aller Parteien erfaßt: der Glaube, in letzter Konsequenz sei
das eigene politische Handeln bedeutungslos und man stehe
einem Geflecht unabweisbarer Sachzwänge ohnmächtig
gegenüber. Dieser Eindruck mag seinen Ursprung in der
Tatsache haben, daß die heute tonangebende Generation nie
gewagt hat, die Gegenwart so ernst zu nehmen wie die Vergangenheit. Übrigens auch Fischer und Schröder nicht. Die
deutsche Teilnahme am Kosovo-Krieg wurde nicht allein aus
der Situation selbst heraus begründet. Erst der – falsche –
Vergleich mit Auschwitz verlieh den Verantwortlichen in
ihrer eigenen Wahrnehmung die moralische Legitimität für
ihre Entscheidung.

Auch von dieser Regel gibt es Ausnahmen, und sie finden
sich wiederum häufiger in den Reihen der Unionsparteien
als bei den Sozialdemokraten. Der CDU-Politiker Volker

Rühe, der aus dem kleinen hamburgischen Landesverband stammt, hatte lange keine große Hausmacht in der eigenen Partei. Auch bei den Medien war er nicht sonderlich beliebt. Journalisten und manche seiner Kollegen redeten in Begriffen über ihn, die einiges über sie selbst verraten: ein Prolet sei er, ein Aufsteiger. Das sagten auch einige, die sich als links verstehen. Sozialer Hochmut ist wieder salonfähig. Rühe entspricht nicht dem Bild eines vornehmen Repräsentanten der Bevölkerung. Nach Mittelschicht sieht er nicht aus und schon gar nicht nach soigniertem Hanseatentum. Einen Gang hat er, als ob er vor Kraft nicht laufen kann. Büffel, Bulle, Rüpel – mit diesen Beiworten ist er selbst in wohlmeinenden Zeitungsartikeln schon bedacht worden.

Wenn Volker Rühe dennoch einer der erfolgreichsten deutschen Politiker werden konnte, dann hängt das auch damit zusammen, daß er zu den ganz wenigen gehört, die nie daran gezweifelt haben, daß sich die Gegenwart gestalten läßt. »Gestalten« ist eines der Lieblingswörter des Politikers, und er hält auch »eine ganze Menge« von dem alten Sprichwort, jeder sei seines Glückes Schmied. »Natürlich braucht man auch Fortüne. Es ist übertrieben zu glauben, daß man alles beeinflussen kann. Aber man sollte sich die Einstellung erhalten, als ob man das könnte. Nicht immer alles auf andere schieben.«

Angesichts der allzuoft von Selbstmitleid geprägten Zaghaftigkeit anderer Politiker wirkt Rühes Zuversicht selbst auf manche derjenigen belebend, die den politischen Kurs des ehemaligen Verteidigungsministers ablehnen. Die meisten derer, die heute Staat und Gesellschaft prägen, scheinen das Vertrauen in die Kraft des eigenen Handelns und den Glauben an die Notwendigkeit einer zeitgemäßen Moral niemals entwickelt zu haben. Das ist ihnen nicht vorzuwerfen, zeugt vielleicht sogar von besonderer Sensibilität. Die Folgen sind dennoch deprimierend. Sie zeigen sich nicht nur im Bereich der Politik. Es gibt viele Talente, und dennoch hat diese Generation keine großen, öffentlichen Persönlichkeiten hervorgebracht. Wo ist der Jürgen Habermas, wo der Heinrich Böll unserer Tage? An die Stelle von Henri Nannen und Rudolf Augstein ist Helmut Markwort getreten.

1989 sah es für kurze Zeit so aus, als werde die Bevölkerung der DDR eine Stunde Null erfahren. Der Zusammenbruch des ostdeutschen Staates vollzog sich in ganz anderer Weise, er gründete auf völlig anderen Voraussetzungen, aber er war im Blick auf seine Institutionen ebenso vollständig wie der Zusammenbruch des Deutschen Reiches. Aber da in Deutschland eben nicht zusammenwächst, was zusammengehört, sondern die Bundesrepublik sich die DDR einverleibt hat, konnte auch der Neubeginn nach 1989 nicht die gleiche Kraft entfalten wie der nach 1945. Die Sehnsucht, die manche ehemaligen DDR-Bewohner inzwischen nach früheren Verhältnissen empfinden, speist sich auch aus westdeutscher Überheblichkeit. »Wenn die Ossis nur als zehnjährige Blumenkinder zu Onkel Bonns Fünfzigstem dackeln dürfen, begehen viele lieber 50 Jahre DDR«, schrieb Christoph Dieckmann im Januar 1999 in der *Zeit*.

Die Hoffnung auf Gestaltungsmöglichkeiten währte nur kurz. Während in Ostberlin am Runden Tisch noch über die Zukunft gestritten wurde, hatte Bonn diese Zukunft längst geregelt. So detailliert geregelt, daß die frühere Existenz der DDR allmählich selbst bei Anlässen in Vergessenheit zu geraten droht, die es ohne die deutsche Teilung gar nicht gäbe. Mit einem Nationalfeiertag wird in Deutschland nicht das Datum begangen, an dem die Bewohner der DDR die Mauer überrannten, sondern der Tag, an dem die Deutsche Einheit per Verwaltungsakt besiegelt wurde. Für die Feierstunde zum zehnjährigen Jubiläum im Deutschen Bundestag war ursprünglich kein Redner aus Ostdeutschland vorgesehen, abgesehen vom Bundestagspräsidenten Wolfgang Thierse. Der aber stand als Hausherr aus protokollarischen, nicht aus politischen Gründen auf der Liste. In letzter Minute einigte man sich dann noch schnell auf eine Einladung an Joachim Gauck, den Hüter der Stasi-Akten. Eine zweifelhafte Wahl. 1989 hat Gauck keine bedeutende Rolle gespielt.

Über einflußreiche deutsche Politiker zu schreiben, bedeutet nach wie vor: über westdeutsche Politiker zu schreiben (auch wenn die CDU-Vorsitzende Angela Merkel aus der ehemaligen DDR stammt. Um Erfolg zu haben, muß sie diese Tatsache meist eher verbergen als betonen). Die 68er seien jetzt an der Macht, war nach dem Regierungswechsel 1998 oft zu lesen. Diese Bewegung war in Deutschland neben anderem auch der Versuch einer bestimmten Generation, sich einen Platz in der Geschichte zu erobern. »Trau keinem über 30!« Der Schlachtruf der Studentenrevolte war mit Blick auf die nationalsozialistische Vergangenheit politisch gemeint. In der Rückschau aber gewinnt er eine psychologische Doppelbedeutung. Gekämpft wurde nicht nur gegen die Restauration, sondern auch gegen die Renovierung Deutschlands, nicht nur gegen die politisch belastete, sondern auch gegen die so fürchterlich erfolgreiche Elterngeneration. Sie hatte den Kindern wenig zu tun übrig gelassen.

Damit können 50jährige gelassener umgehen als 25jährige. Von keiner anderen politischen Bewegung haben sich so viele Anhänger ohne äußeren Zwang später distanziert wie von der Studentenrevolte. Manche von denen, die damals in der ersten Reihe standen, flirten heute mit der extremen Rechten. Andere haben den Marsch durch die Institutionen angetreten und sich dabei selbst in weit stärkerem Maße verändert als diese. Viele sehen voll nachsichtigem Spott auf die eigene Vergangenheit herab. In gesellschaftlicher Hinsicht – Kindererziehung, Umgangsformen, Geschlechterbeziehungen – haben die 68er viel bewegt. Die Verachtung, mit der heute die moralische Rigorosität der Bewegung, ihre »political correctness«, belegt wird, läßt aus dem Blickfeld geraten, welche Befreiung die Kulturrevolution damals für viele bedeutete. »Für Jugendliche in dem Milieu, in dem ich aufgewachsen bin, war das die Rettung«, sagt eine heute 42jährige, die ihre Kindheit in einer schwäbischen Kleinstadt verbrachte. Selbstgerecht und muffig sei das Klima gewesen, starr und beklemmend das Regelwerk der Konventionen. »Nach 1968 war das einfach vorbei.«

Allerdings ist fraglich, ob nicht manches, was dem Konto der 68er gutgeschrieben wird, in Wahrheit auf wachsenden Wohlstand der Gesellschaft und die damit verbundene Möglichkeit der Individualisierung von Bedürfnissen und Interessen zurückzuführen ist. Auch hat die umwälzende Erfindung der Antibabypille gewiß befreiendere Folgen gehabt als jeder Appell an Toleranz gegenüber anderen Lebensformen als der Kleinfamilie. Äußere Umstände haben den gesellschaftlichen Wandel also begünstigt und beschleunigt. Im streng politischen Kontext blieb die Studentenbewegung allen ausführlichen theoretischen Erörterungen zum Trotz in ihren Zielen eigenartig vage. Zu viele unterschiedliche Gruppen versammelten sich unter ihrem Dach – dem einzigen, das es damals für diejenigen gab, die Erneuerung forderten.

Nur wenige 68er hatten ein so klares politisches Koordinatensystem wie der Studentenführer Rudi Dutschke, nur wenigen scheint es im Rückblick mit den politischen Forderungen auch so ernst gewesen zu sein wie ihm. Wo stünde er heute, wäre er nicht an den Spätfolgen des auf ihn verübten Attentats gestorben? Dutschke ist sich bis zum Ende seines Lebens treu geblieben. Politisch sozialisiert wurde er nicht in der Bundesrepublik, sondern in der DDR, der er schon in sehr jungen Jahren kritisch gegenüberstand. Zufall? Petra Kelly war eine der ganz wenigen Politikerinnen ihrer Generation, die das Mittelmaß überragte. Die Mitbegründerin der Grünen sammelte ihre ersten politischen Erfahrungen in den USA.

Die Kulturrevolution, die von den 68ern eingeleitet worden war, schuf neue Normen, die binnen weniger Jahre zur Normalität wurden. Diejenigen, die einige Jahre jünger waren als die Anhänger der Studentenbewegung, sorgten für die feste Verankerung der neuen Formen in der Gesellschaft.

Auf dem Fernsehschirm hatte es so ausgesehen, als mache die Revolte auch ganz einfach großen Spaß. Bei vielen, die heute Mitte 40 sind, schwingt in Erzählungen aus der Jugend noch immer ein leises Bedauern darüber mit, die Show verpaßt zu haben. Ihnen blieb nicht einmal mehr die Möglichkeit dieses weitgehend risikolosen Aufstands gegen die Älteren, weil der nur eine halbe Generation früher mit so viel Elan schon durchgefochten worden war. Als sie an die Universitäten kamen, war alles vorbei. Aus der Revolte entstanden die Bewegungen: Friedensbewegung, Frauenbewegung, Anti-Atomkraft-Bewegung und daraus schließlich eine neue Partei. Die Grünen.

Einige wenige schafften sich regionalen Ersatz für die verpaßte Revolution: die Hausbesetzer in Berlin, die Kämpfer gegen die Startbahn-West des Frankfurter Flughafens, die Demonstranten in Brokdorf. Aber wer von all denen, die einen Aufkleber mit dem Bekenntnis »Atomkraft? Nein Danke!« ans Auto klebten, interessierte sich tatsächlich für Energiefragen? Die Forderung nach Ausstieg aus der Kernenergie war nicht nur ein politisches Anliegen. Sie war ebensosehr Transmissionsriemen für Zeitgeist und identitätsstiftendes Gemeinschaftsgefühl. Der Kampf galt weit mehr einem Staat, der sich mit Stacheldraht und martialischer Bewaffnung seiner Polizei gegen Kritiker zur Wehr setzte als der Durchsetzung konkreter Ziele. Nicht einmal die Grünen, die das Jahrhundertthema der Ökologie doch überhaupt erst auf die Tagesordnung gesetzt hatten, glauben heute noch an dessen Zugkraft. Sie bemühen sich um Kompetenzzuwachs in der Steuerpolitik.

Der Lebensstil, der damals entstand, wurde schnell prägend für fast das gesamte arrivierte Bildungsbürgertum, also auch für Teile der Bevölkerung, die sich den 68ern und ihren Nachfolgern nie verbunden fühlten. Jeans im Büro ersetzen Anzug oder Kostüm, Wohngemeinschaften die möblierte Dame und den möblierten Herrn, Betroffenheit die Bravour. Väter sind auch im Kreißsaal dabei, Frauen überall. Umarmung statt Händedruck, du statt Sie, Billy-Regal statt Schrankwand. Es hat immer Abweichler gegeben, die, wie der SPD-Politiker Otto Schily in seinen grünen Tagen, an bestimmten tradierten Umgangsformen umso trotziger festgehalten haben, je radikaler sie politisch der Minderheit zuneigten. Sie haben damals die Uniformität der anderen Nonkonformisten nur noch schärfer hervortreten lassen.

Politiker der Grünen, die es bis nach oben geschafft haben, pflegen nun einen Erscheinungsstil und Umgangsformen, die früher dem Habitus der Konservativen entsprachen. Erwachsene Seriosität soll damit demonstriert werden. Zu spät. Im Verlust der Eindeutigkeit von Signalen liegt die wahre Radikalität der Veränderung. CSU-Politiker in Freizeitkleidung erledigen im Supermarkt die Familieneinkäufe. Ein sozialdemokratischer Kanzler posiert im teuren Kaschmirmantel für den Fotografen. Unterdessen gehen jüngere Abgeordnete von Union und Grünen, die sich zum Verwechseln ähnlich sehen, gemeinsam Pizza essen. Alles geht für alle, und deshalb besagt es auch nichts mehr.

Was bedeutet vor diesem Hintergrund der Versuch, die rot-grüne Bundesregierung in die Tradition der 68er zu stellen? Nicht mehr als eine Zuordnung der Generation. Die Studentenführer von damals sitzen auch heute nicht am deutschen Kabinettstisch. Ohnehin ist aus ihren Reihen nur Daniel Cohn-Bendit ein prominenter Politiker geworden, und er ist in Frankreich ein Mythos, nicht in Deutschland. Joschka Fischer, der immer als Paradebeispiel für den gewandelten Revolutionär herhalten muß, war 1968 dem Knabenalter gerade erst entwachsen und später als Frankfurter »Sponti« eher Epigone als Vordenker. Die meisten, die heute zur Führungsspitze seiner Partei gehören, konnten Rudi Dutschke allenfalls in der »Tagesschau« sehen, und auch das nur, wenn die Eltern sie nicht schon vorher ins Bett geschickt hatten. Gerhard Schröder hat damals nichts anderes getan als heute: Er bemühte sich um Anpassung an den Zeitgeist. Rudolf Scharping verteilte einmal ein Flugblatt, das seine Mitgliedschaft in der SPD gefährdete. So viel zur revolutionären Vergangenheit der Ministerrunde.

Wenn die heute Regierenden dennoch der Studentenbewegung zugeordnet werden, dann spricht das für mehr als den einfachen Wunsch, eine verbindende Klammer und ein Etikett für jene zu finden, die sich über gemeinsame, klar umrissene Ziele eben nicht mehr so leicht definieren lassen. Hinter der Zuordnung steckt auch die Hoffnung, daß die Biographien derer, die das Land regieren, von Erlebnissen außerhalb des institutionalisierten Politikbetriebes bestimmt worden sind, daß sie Erfahrungen gesammelt haben. Dabei spielt es gar keine so große Rolle, wie diese Erlebnisse und Erfahrungen beurteilt werden. Es soll sie halt gegeben haben. Man möchte schon, daß diejenigen, die mit ihren Entscheidungen so tief ins Leben anderer eingreifen, das Leben auch ein bißchen kennengelernt haben. Joschka Fischer wird das zugetraut. Ob nicht vor allem darin die wesentliche Ursache für seine große Popularität zu sehen ist, zumal er auch noch die Sehnsucht nach der Heimkehr des verlorenen Sohnes bedient? Mögen unsere Kinder noch so sehr über die Stränge schlagen – der Außenminister ist der Beweis, daß sie auf die rechte Bahn zurückfinden können.

Eine immer größere Zahl von Abgeordneten aber verfügt nur über ein sehr begrenztes Spektrum von Erfahrungen. Für Seiteneinsteiger wird es zunehmend schwieriger, politische Karriere zu machen. Wenn überhaupt, dann gesellen sie sich im allgemeinen nicht zum Fußvolk im Bundestag, sondern sitzen ganz oben. Im Kabinett. Nur die PDS hat in den letzten Jahren mehreren Kandidaten, die nicht der Partei angehören, gute Listenplätze für Abgeordnetenmandate angeboten. Das hängt jedoch auch damit zusammen, daß sie zumindest im Westen nur wenige geeignete Bewerber in den eigenen Reihen vorweisen kann.

Außenseiter werden oft geholt, wenn ein Regierungschef mit überraschenden Personalentscheidungen beweisen möchte, wie originell und unvoreingenommen er denkt.

Helmut Kohl hat Rita Süssmuth in seine Ministerrunde gebeten. Gerhard Schröder ließ für seinen Kulturbeauftragten Michael Naumann sogar ein Gesetz ändern, damit der sich Minister nennen durfte, ernannte Walter Riester zum Arbeits- und Werner Müller zum Wirtschaftsminister. Der gewann – trotz eingeschränkter Kompetenzen im Vergleich zu seinen Vorgängern – im Kabinett rasch Profil. Da hat Schröder Glück gehabt. Das Beispiel des ursprünglich für den Posten vorgesehenen Jost Stollmann zeigt, wie schwer berechenbar die Erfolgsaussichten derer sind, die nicht schon jahrelang zum Politikbetrieb gehören. Der in seiner neuen Rolle von Anfang an hoffnungslos überforderte Unternehmer trat sein Amt gar nicht erst an. Er beherrschte das Metier nicht. Das hohe Risiko, das mit der Berufung von Außenseitern verbunden ist, hat strukturelle Ursachen.

Die Gestaltung von Politik auf den festgefügten Bahnen staatlicher Institutionen ist ein Handwerk, das ebenso erlernt werden muß wie der Beruf des Elektrikers oder der Computerfachfrau. Je komplizierter ein System ist – und die repräsentative Demokratie ist ein besonders kompliziertes System –, desto schwieriger ist es, den Gesellenbrief zu bekommen. Einige der Pannen der rot-grünen Bundesregierung in den ersten Monaten ihrer Amtszeit erklären sich auch aus der Tatsache, daß die SPD 16 Jahre in der Opposition verbracht und Bündnis 90/Die Grünen noch nie auf Bundesebene mitregiert hatten. Es gab und gibt im gesamten Kabinett Schröder niemanden, der mit Regierungsarbeit auf Bundesebene vor 1998 Erfahrung hatte. Wer das für belanglos hält und meint, auch in den Bundesländern ließe sich doch genügend politische Praxis erwerben, der hat ein merkwürdig provinzielles Verständnis von der Führung eines der einflußreichsten Staaten der Erde.

Aber auch die Anfänger auf den hinteren Bänken des Parlaments werden bei ihrem Einzug in den Bundestag mit Problemen konfrontiert, die sie nicht erwartet hatten. Welche Bedeutung welcher Ausschuß und seine Besetzung hat, welche Fristen wofür einzuhalten sind, welche formellen und informellen Kanäle sich für die Suche nach Kompromissen etabliert haben, wer wann wozu im Bundestag reden darf: im Spinnennetz geschriebener und ungeschriebener Regeln verfangen sich Neulinge häufig, auch wenn sie dorthin auf der Ochsentour einer Parteikarriere gekommen sind und daher bereits über Erfahrung mit dem politischen Alltagsgeschäft verfügen.

Viele Entscheidungen über Verfahrensfragen erschienen der Bevölkerung selbst dann völlig belanglos, wenn sie davon je überhaupt erführe. Im geschlossenen System des politischen Betriebes gewinnen sie eine überdimensionierte Bedeutung, die sich gelegentlich in skurrilen Szenen ausdrückt. Nach der Evakuierung deutscher Staatsbürger aus Albanien im März 1997 durch die Bundeswehr hatte die Bundestagsdebatte zum Thema bereits begonnen, als Außenminister Klaus Kinkel und Verteidigungsminister Volker Rühe noch immer um den ersten Platz am Rednerpult wetteiferten. Schön, daß sich die Helden von Tirana endlich geeinigt hätten, merkte Gerd Poppe von Bündnis 90/Die Grünen im Plenum bissig an, nachdem der Außenminister siegreich aus dem Machtkampf hervorgegangen war. Weltpolitik schrumpft oft auf kleinkariertes Mittelmaß zurück, wenn sie erst einmal in Bonn oder auch in Berlin angekommen ist.

Die ernüchternde und für viele überraschende Erkenntnis, wie gering der Spielraum der einzelnen Abgeordneten, zumal der Hinterbänkler, ist, wirkt sich auf die Weltsicht der Mandatsträger aus und trägt zu deren Frustration erheblich bei. Es gebe so vieles zu erlernen, und so vieles folge anderen Mechanismen, als man vorher vermutet habe, daß sich das Blickfeld von Politik sehr schnell ausschließlich auf das verenge, was innerhalb der gesetzten Grenzen des Parlaments möglich sei: »Es ist mit Abgeordneten wie mit Sonnenblumen. Alle richten sich nach dem Licht aus.« Diese auch selbstironisch gemeinte Analyse kommt von Annelie Buntenbach, immerhin eine der wenigen Abgeordneten von Bündnis 90/Die Grünen, die sich ausdrücklich gegen die Nato-Angriffe auf Jugoslawien und auch gegen die deutsche Beteiligung am Afghanistan-Krieg ausgesprochen hat und auch im Zusammenhang mit anderen Fragen bisher nicht bereit gewesen ist, ihre Überzeugungen der Regierungsbeteiligung zu opfern.

Einflußreicher ist sie dadurch nicht geworden. Ihren Sitz im Ausschuß für Arbeit und Soziales hat sie aufgegeben, weil ihre Fraktion seit dem Machtwechsel in verschiedenen Fragen auch den Kurs gewechselt hat, und sie das nicht mittragen wollte. Jetzt gehört Annelie Buntenbach dem Petitionsausschuß an, der Beschwerden von Bürgern bearbeitet. Eine ehrenwerte Arbeit und ziemlich folgenlos. Für den nächsten Bundestag möchte sie nicht mehr kandidieren.

Machtlos können selbst Minister sein, vor allem dann, wenn sie weder vom Regierungschef respektiert noch in der Bevölkerung besonders beliebt sind. Umweltminister Jürgen Trittin blieb im Zusammenhang mit der EU-Altautoverordnung nur die Wahl zwischen Rücktritt und Kotau. Er entschied sich für letzteres und ließ sich vom Kanzler zwingen, eine europäische Richtlinie zu Fall zu bringen, für die sich Umweltschützer in vielen Ländern eingesetzt hatten. Dank der Intervention des deutschen Regierungschefs müssen Hersteller nun erst vom Jahre 2006 an, und nicht wie ursprünglich geplant ab 2003 alle Autos kostenlos zurücknehmen. Wenn ein Umweltminister der Grünen zum Sachwalter der Interessen ausgerechnet der deutschen Autoindustrie mutiert, dann hat er nicht nur die persönliche Glaubwürdigkeit verspielt, sondern setzt auch seine Partei dem Vorwurf aus, für die Teilhabe an der Macht jedes politische Prinzip zu opfern.

Aber was wäre denn die Folge gewesen, hätte Trittin sich dem Ansinnen Schröders verweigert? Ein weiteres Mal hätte der Bruch der Regierungskoalition gedroht. Wäre er erfolgt, dann hätte Trittin zeitlebens als Totengräber des »rot-grünen Reformprojekts« gegolten. Die Bereitschaft, eine solche historische Zuordnung zu ertragen, erfordert sehr viel Rück-

grat. Forderungen danach sind wohlfeil und wenig überzeugend, wenn sie von Leuten erhoben werden, die selbst die
Akzeptanz des sogenannten Sachzwangs für das erste politische Gebot halten.

Es ist auch keineswegs ausgemacht, daß größere Standfe-
stigkeit des Umweltministers seiner Partei zugute gekommen wäre. Bündnis 90/Die Grünen haben viele Kompromisse eingehen müssen, seit sie mitregieren – nach Ansicht
eines großen Teils ihrer Stammwähler zu viele, wie die jüng-
sten Wahlergebnisse zeigen. Hätte die Partei es ihren
Anhängern plausibel machen können, daß sie der deutschen
Beteiligung an einem völkerrechtlich mindestens umstritte-
nen Krieg gegen Jugoslawien zuzustimmen vermochte, eine
zeitliche Verzögerung der Altautoverordnung aber nicht
mittragen kann? Kaum.

Ohne die prinzipielle Bereitschaft zum Kompromiß ist
Politik nicht zu gestalten. Zugleich aber gleicht diese Bereitschaft einer abwärts drehenden Spirale: Wer im politischen
Staatstheater schon einmal einen Kurswechsel in einer Kern-
frage seines politischen Programms vollzogen hat, kann
nicht in den Kammerspielen plötzlich Profil zeigen. Da
stimmen dann die Proportionen nicht mehr. Das Verhalten
von Trittin ist nicht der einzige Beleg für diesen Mechanis-
mus. Einem bündnisgrünen Außenminister, der einen Militäreinsatz ohne UN-Mandat für unausweichlich erklärte,
blieb keine andere Wahl, als sich einer Abstimmungsnieder-
lage im Bundessicherheitsrat über die Frage der Lieferung
eines Testpanzers an die Türkei zu beugen. Die große
Bedeutung des einen Schritts läßt kein Beharren auf der
eigenen Position bei Themen minderer Rangfolge mehr zu.
Diese Falle bedroht die Grünen in ihrer Existenz.

Aber auch Gerhard Schröder folgte im Zusammenhang
mit seiner Intervention bei der Altautoverordnung Zwängen,
die im System angelegt sind, und nicht etwa der puren Lust
an der Demütigung eines wenig geschätzten Ministers ent-
sprungen. Mehrfach hatten die Autohersteller bei ihm im

Kanzleramt auf Abänderung der für sie unangenehmen Richtlinie gedrängt. »Industriefeindlich« nannte der Regierungschef diese dann pflichtschuldig und räumte damit indirekt ein, daß nicht er es ist, der tatsächlich über die Macht im Staat verfügt.

Der große Einfluß der verschiedenen Lobbygruppen auf die Politik ist seit Bestehen der Bundesrepublik immer wieder beschrieben und beklagt worden. Die Mechanismen, mit denen dieser Einfluß ausgeübt wird, sind subtiler als von der Öffentlichkeit oft vermutet wird. »Ein Umschlag mit Geld ist mir noch nie angeboten worden«, sagte die damalige Gesundheitsministerin Andrea Fischer. »Aber wenn ich nicht genug mit den Vertretern der wichtigen Verbände rede, dann veröffentlichen die sofort in ihren eigenen Zeitschriften, die Ministerin sei nicht dialogfähig.« In den Gesprächen werde dann höflich gedroht – nicht mit dem eigenen Widerstand der Funktionäre, sondern mit dem der breiten Masse: »Wenn Sie das tun, dann kann ich meine Mitglieder nicht mehr bei der Stange halten.« Oder auch: »Dann bin ich meinen Job los.« Soll heißen: »Wer immer nach mir kommt, wird für Sie nur noch unangenehmer.«

»Eine Ministerin muß politisch entscheiden können, welchen Konflikt sie eingehen kann und welchen sie klugerweise vermeiden sollte«, meinte Andrea Fischer. Was wäre denn die Folge, wenn sie ganz einfach all diese Erpressungsversuche öffentlich machte? Die Gesundheitsministerin lachte. Nachsichtig und ein bißchen wehmütig – so, als erinnere sie sich selbst an ihre Vorstellung von Politik in früheren Tagen: »Dann begebe ich mich jeder Möglichkeit, Kompromisse auszuloten. Diese Gespräche sind doch oft auch in meinem eigenen Interesse, wenn ich etwas durchsetzen will.« Vor allem, wenn sie mit Vertretern großer Organisationen geführt werden. Macht wächst an sich selbst.

Übrigens ist im Zusammenhang mit der zu Fall gebrachten Altautoverordnung verfassungsrechtlich durchaus umstritten, ob der Kanzler seine Richtlinienkompetenz durch einen Telefonanruf in eine Sitzung hinein ausdrücken kann oder ob er dafür nicht vielmehr ausdrücklich im Kabinett »ex cathedra« zu einer Sache sprechen muß. Er griff mit seiner Weisung an Trittin immerhin in dessen ja auch bestehende Ressortzuständigkeit ein. Aber Machtfragen in der Politik orientieren sich eben nicht an gelehrten juristischen Disputen, sondern an realen Kräfteverhältnissen.

Jürgen Trittin ist noch im Amt. Das System diszipliniert seine Repräsentanten. Diejenigen, die sich nicht disziplinieren lassen, werden ausgegrenzt. Darüber hinaus schafft das System Distanz zu denen, die repräsentiert werden. »Die Macht, die uns von der Bevölkerung zugeschrieben wird, steht in krassem Gegensatz zu unseren realen, sehr begrenzten Möglichkeiten«, meint Trittins Parteifreundin Annelie Buntenbach. »Man steht immer vor der Frage, ob man das jetzt auflösen soll oder nicht. Wenn man zugibt, wie wenig man ausrichten kann, dann entzaubert man die eigene Position und zieht Ärger und Frustration auf sich. Gibt man es nicht zu, fragen sich die Leute, warum man so wenig erreicht, und man zieht auch Ärger und Frustration auf sich.« Ein von möglichst vielen Seiten parteiübergreifend gelobter Konsens ist manchmal der Sache dienlich, und manchmal ist er es nicht. Den persönlichen Interessen der Abgeordneten dient er immer. Er verbirgt die Ohnmacht und die Kenntnislosigkeit der einzelnen.

Es gibt sehr geteilte Meinungen darüber, ob die starke Stellung der Parteien in der Bundesrepublik Deutschland der Demokratie förderlich ist oder zwangsläufig zur Verkrustung führen und eine Kaste technokratischer Funktionäre hervorbringen muß. So lange die Parteien ihre beherrschende Stellung haben, so lange jedenfalls wird der Berufspolitiker der Regelfall bleiben und eine nennenswerte Zahl von Außenseitern verhindert werden – nicht zuletzt deshalb, weil die wenigstens theoretische Hoffnung auf Aufstieg eine der Voraussetzungen für jede Partei ist, in ausreichender Zahl Aktivisten an der Basis zu finden.

Berufspolitiker bieten die Gewähr für ein relativ hohes Maß an Professionalität. Aber die detaillierte Kenntnis des Politikbetriebes fordert ihren Preis. In allen Branchen sind diejenigen rar, die von mehr als einer Sache etwas verstehen, und die politische Klasse bildet da keine Ausnahme. Immer weniger ihrer Mitglieder, die es zu Spitzenpositionen bringen, können heute noch auf ein Leben vor Amt und Mandat zurückblicken. Die parteiübergreifende Begeisterung für möglichst junge Abgeordnete, die auch von zahlreichen Medien geteilt wird, ist kurzsichtig. Die Erfahrung lehrt, daß der Nachwuchs bei einiger Befähigung für die neue Aufgabe zunächst zum Berufsjugendlichen wird und auch später nur selten den einmal eroberten Platz wieder räumt. Schließlich gehört er dann zum alten, erfahrenen Troß.

Das Rotationsprinzip bei den Grünen, das vorsah, alle Mandatsträger nach zwei Jahren durch Nachrücker zu ersetzen, hat sich in seiner ursprünglichen Form nicht lange gehalten und wurde lediglich in einigen Bundesländern abgeschwächt und weitgehend unbemerkt von der Öffentlichkeit noch ein wenig vor sich hin beachtet. Dabei wären die Folgen des Experiments interessant zu beobachten gewesen, hätte es nicht sein Scheitern schon allein durch die unrealistisch kurze Frist von zwei Jahren in sich getragen. So blieb es eine kuriose Episode am Rande der bundesdeutschen Geschichte, und auch diese Partei verfügt inzwischen über zahlreiche altgediente Funktionäre.

In anderen Staaten ist die zeitliche Begrenzung von Amtsperioden fester Bestandteil des Systems, in Deutschland hingegen die Fünf-Prozent-Hürde für Parteien, die den Sprung ins Parlament schaffen wollen. Hat sich dafür nicht die alte Begründung, Weimarer Verhältnisse verhindern zu wollen, inzwischen überlebt? Man stelle sich vor: Alle Abgeordneten des Bundestages müssen nach spätestens zwei Legislaturperioden eine Pause von mindestens vier Jahren einlegen, innerhalb derer sie auch in keinem anderen Parlament ein Mandat erringen dürfen. Die Amtszeit des Bundeskanzlers wird auf acht Jahre begrenzt – nicht etwa auf freiwilliger Basis, wie Bundeskanzler Schröder zunächst vorgeschlagen hat, sondern qua Gesetzeskraft. Parteien brauchen nur noch zwei Prozent aller Wählerstimmen, um in den Bundestag einziehen zu dürfen. Kein Zweifel: Die Politik würde lebendiger, lebensnäher, mutiger, phantasievoller. Es wird nicht dahin kommen. Besitzstandswahrung ist auch Mandatsträgern nicht fremd, und sie haben viel Erfahrung darin, wie sie sich durchsetzen läßt. Mehr als Sozialhilfeempfänger.

Gerhard Schröder hat im August 1999 mit der Ernennung eines erst 33jährigen SPD-Abgeordneten zum Staatsminister im Kanzleramt auch zeigen wollen, wie sehr ihm die Förderung der Jüngeren am Herzen liegt. Hans Martin Bury, Jahrgang 1966, sitzt seit 1990 im Bundestag. Damals war er 24 Jahre alt. Viel kann er außer der Politik noch nicht kennengelernt haben, und je höher einer steigt, desto weniger wahrscheinlich ist es, daß er sich irgendwann vom öffentlichen Leben verabschiedet. Dafür gibt es genügend Beispiele in anderen Generationen und Parteien.

Volker Rühe, Jahrgang 1942, ist im Alter von 21 Jahren in die CDU eingetreten. Sieben Jahre später saß er in der Hamburger Bürgerschaft, und er hat nie ein Hehl daraus gemacht, daß sein erlernter und nur kurze Zeit ausgeübter Beruf des Lehrers nicht seinen Neigungen entspricht. Jürgen Trittin, Jahrgang 1954, hat sein ganzes Leben lang Politik gemacht: erst auf der Schule, dann an der Universität. 1981 trat der ehemalige Anhänger einer kommunistischen Splittergruppe den Grünen bei. Zunächst arbeitete er für sie als Fraktionsmitarbeiter und Pressesprecher im niedersächsischen Landtag, später wurde er selbst Abgeordneter. Der ehemalige FDP-Vorsitzende Wolfgang Gerhardt, Jahrgang 1943, leitete nach seiner Promotion 1970 das Regionalbüro der parteieigenen Friedrich-Naumann-Stiftung in Hannover und wurde persönlicher Referent des hessischen Innenministers. Seither sitzt er auf dem politischen Karussell. Die Liste

ließe sich fortsetzen, auch mit vielen weniger prominenten
Mitgliedern des Deutschen Bundestages.

Eine schier unüberschaubare und noch schwerer unter-
scheidbare Masse von Würdenträgern scheint ihre existenti-
ellen Kämpfe überwiegend in Komitees und Ausschußsit-
zungen geführt zu haben. Da nimmt es nicht wunder, wenn
die berufliche Vergangenheit von Joschka Fischer als Taxi-
fahrer bereits als glamouröses Abenteurertum gilt. Daß er
nun auch noch von Sprache und äußerem Erscheinungsbild
her jenen gleicht, die seine Umwege nicht gegangen sind, ist
Balsam für viele Seelen. Wer nie von der Revolution
geträumt hat, darf sich bestätigt fühlen.

Die Entscheidung für die Politik ist auch deshalb so oft
eine Lebensentscheidung, weil daneben kaum Raum bleibt
für anderes. Der Alltag der Parlamentarier hat wenig
Berührungspunkte mit dem der großen Mehrheit der Bevölkerung. Familie und alte Freunde sind meist weit weg. Der
treuherzige Wunsch, Parlamentarier sollten ihren Lebens-
mittelpunkt weiterhin in ihren Wahlkreisen behalten, führt
häufig zum Verlust jeglichen Lebensmittelpunkts. Viele stellen auch ihre Aktivitäten abseits der Politik in den Dienst der
eigenen Imagepflege und füttern die Medien mit nur scheinbar privaten Informationen. 30 Kilometer weit sei er am
Wochenende gewandert, erzählt der damalige Verteidigungsminister Volker Rühe auf einer Auslandsreise Journalisten. Insgesamt ist er in Wochenendetappen fast 700 Kilometer mit einem Freund von Hamburg nach Dresden mar-
schiert. Seine Frau oder eines der drei Kinder begleiteten
ihn dabei nicht. Dafür waren Bürgermeister von Städten am
Wegesrand dabei, mehrere Fotografen und sein Pressesprecher. Die Medienoffensive wurde offenbar als lohnend
betrachtet. Jedenfalls wanderte er als Spitzenkandidat der
schleswig-holsteinischen CDU dort im Wahlkampf schon
wieder.

In den Sitzungswochen des Parlaments beginnt der
Arbeitstag oft morgens um sieben und zieht sich nicht selten

bis Mitternacht hin. Die Abgeordnetenwohnungen in Bonn waren meist steril und unpersönlich. In Berlin hat sich daran nichts geändert. Nach einem Interview habe ich eine Politikerin im Auto an den großen Gebäudekomplex am Spreebogen mitgenommen, der in der Hauptstadt für Abgeordnete und Beamte der Ministerien gebaut worden ist. Durch ein finsteres Tor gelangt man auf einen riesigen Vorplatz, den nach Anbruch der Dunkelheit fahles Licht bescheint. Zu den verschiedenen Eingängen führen breite Straßen zwischen leeren Flächen, die vielleicht einmal grün werden sollen. Es war ungefähr neun Uhr abends. Niemand war zu sehen. Vor der Haustür stand ein Müllcontainer. Daneben lagen leere Bierdosen. »Das sieht hier immer so aus«, sagte die Abgeordnete. Vorher hatte sie erzählt, daß sie sich in der neuen Wohnung recht wohl fühle. Sehr praktisch sei sie, sowohl innen als auch von der Lage her. Es ist ein bißchen zu viel praktisch im Leben von deutschen Politikern.

Der sozialdemokratische Abgeordnete Rudolf Dreßler wird 1997 in der Bonner Straßenbahn von einem Kontrolleur streng zurechtgewiesen: »Sie fahren ja auf einer Kinderkarte!« Keine böse Absicht, versichert der Ertappte glaubhaft. Der SPD-Sozialexperte kannte einfach die Fahrpreise nicht. Nicht einmal einer derjenigen im Parlament, der sich nun wirklich engagiert für die Belange der sozial Schwächeren einsetzt, hat eine Vorstellung davon, was Dinge des täglichen Lebens so kosten. Der FDP-Politiker Guido Westerwelle nimmt den Vorfall dann übrigens zum Anlaß, eine übersichtlichere Tarifstruktur für die öffentlichen Verkehrsbetriebe der Bundesstadt zu fordern. Nicht auszudenken, was sich in Deutschland alles ändern ließe, wären Parlamentarier häufiger mit dem real existierenden Leben konfrontiert.

Genug des Spotts. Die Distanz der politischen Klasse der Bundesrepublik zum Rest des Landes sollte in ihrer Bedeutung für den demokratischen Meinungsbildungsprozeß auch nicht überschätzt werden. In Afrika kennen alle Politiker die

Tarife für Busse und Sammeltaxis, auch wenn sie selbst dort niemals öffentliche Verkehrsmittel, sondern grundsätzlich die Dienstlimousinen benutzen. In afrikanischen Ländern wird eine weit strengere Hierarchie zwischen Regierungsmitgliedern und dem gemeinen Volk beachtet als in Europa, und Personenkult ist dort nicht die Ausnahme, sondern die Regel. Dennoch sind die verschiedenen sozialen Schichten voneinander nicht so klar abgegrenzt wie hier. Die Zeit des Kolonialismus liegt dafür noch nicht weit genug zurück.

Die fremden Machthaber haben zwar gern bestimmte Gruppen der Bevölkerung bevorzugt und so ein System der indirekten Herrschaft etabliert. Im Regelfall aber privilegierten die Kolonialherren bestimmte Ethnien, und nicht etwa verschiedene Familien unterschiedlicher Volkszugehörigkeit innerhalb eines Staates. Die Gesellschaften blieben somit angesichts der insgesamt geringen Bildungschancen für die Bevölkerung und der sehr begrenzten Möglichkeiten, individuellen Reichtum zu erwerben, viel durchlässiger als in Europa. So etwas ändert sich nicht in wenigen Jahrzehnten. Der Vetter eines afrikanischen Ministers kann durchaus im Slum wohnen, seine Schwester eine Kleinbäuerin in der Provinz sein. In Deutschland hingegen ist es äußerst selten, daß ein Bundeskanzler wie im Falle Gerhard Schröders einen Bruder hat, der als einfacher Arbeiter beschäftigt ist.

Es hat nicht zur Demokratisierung Afrikas geführt, daß seine Politiker die Lebensbedingungen selbst der Ärmsten aus eigener Anschauung gut kennen. Eher mag es sogar das Gegenteil bewirken. Je größer die Furcht vor dem eigenen sozialen Abstieg ist und je realer diese Möglichkeit, desto größer ist zugleich das Bedürfnis nach Abgrenzung. Dieses Bedürfnis besteht allerdings auch ohne Angst. Die meisten Leute bleiben gern unter ihresgleichen, so auch die politische Klasse in Deutschland. Die Hoffnung, der Umzug nach Berlin werde den Kontakt zum Volk erzwingen, war von Anfang an naiv und hat sich schon in den ersten Wochen als

trügerisch erwiesen. Erwartungsgemäß haben Parlamentarier sich nicht in den Plattenbauten von Marzahn eingemie-
tet, und bei den von Ministern bevorzugten Restaurants handelt es sich auch nicht um Eckkneipen und einfache Pizze-
rien. Häufig und gern erzählen Abgeordnete übrigens von
Gesprächen, die sie beim Einkaufen im Supermarkt be-
lauscht haben. Warum wohl.

Informationen, die für sinnvolle politische Entscheidungen notwendig sind, lassen sich allerdings auch auf anderem
Wege beschaffen als durch unmittelbare Tuchfühlung mit
der Bevölkerung. Für die sachliche Arbeit an einer konkreten Einzelfrage ist Volkes Rat nicht unbedingt erforderlich,
und wer ihn einfordert, der verwechselt Populismus mit
Demokratie. Aber Politik ist eben mehr als die Summe vieler
kleiner Detailprobleme. Sie wird auch vom Menschenbild
derer bestimmt, die sie gestalten. In dieser Hinsicht sind
die Lebens- und Arbeitsbedingungen deutscher Politiker
besorgniserregend.

Der politische Betrieb hinterläßt Spuren im Wesen, und
diese Spuren sind selten ein schöner Anblick. Eigenschaften
wie Offenherzigkeit, Ehrlichkeit und die Fähigkeit, Mitmen-
schen vertrauen zu können, gelten anderenorts als menschliche Qualitäten. Am deutschen Regierungssitz sind sie zu
Synonymen für Naivität geworden. Vielleicht ist das der
Grund dafür, daß gerade Politiker, die früher besondere
Lebenslust ausstrahlten und die Geselligkeit pflegten, so oft
ihr Gefühl für menschliche Rücksichtnahme und Her-
zenstakt verlieren, wenn sie erst einmal in Amt und Würden
gekommen sind. Sie müssen sich grundlegender verändern
als andere, wollen sie bestehen.

Einem eher verschlossenen Charakter fällt es offenbar
leichter, sich auch in dieser Umgebung von den Gepflogenheiten abschotten und somit innerhalb der eigenen Grenzen
kommunikationsfähig bleiben zu können. Auch gelingt es
Frauen häufiger als Männern, sich einen Rest natürlicher
Unbefangenheit zu bewahren – vielleicht deshalb, weil sie

von ihrer Umgebung im allgemeinen nicht ausschließlich auf den homo politicus reduziert werden und sich darüber hinaus familiären Verpflichtungen noch immer weniger leicht entziehen können. Andererseits führt das eben auch dazu, daß Frauen inzwischen zwar auf allen Ebenen in der zweiten Reihe anerkannt und respektiert, die mächtigsten Positionen aber weiter eine (fast) reine Männerdomäne geblieben sind.

Die Ursachen für professionelle Deformation sind bereits im System der Bundesrepublik angelegt. Auch andere Leute bewegen sich gelegentlich in einem Netz von Hierarchien und wechselseitigen Abhängigkeiten. Für deutsche Politiker ist das der Dauerzustand, selbst beim abendlichen Bier. Abgeordnete und Minister pflegen Umgang fast ausschließlich mit anderen, die etwas von ihnen wollen und von denen sie etwas wollen: Informationen, politische Unterstützung, Stärkung der eigenen Hausmacht, Schwächung der Hausmacht anderer. Es nimmt nicht wunder, daß alle sich gegenseitig unentwegt belauern. Wer oben und wer unten steht in einer Beziehung, ist den Beteiligten stets bewußt. Leutselig spricht Wolfgang Schäuble auf einer Veranstaltung den damaligen Verkehrsminister Matthias Wissmann mehrfach mit Vornamen an. Der scheint zu wissen, daß Vertraulichkeit im Umgang mit seinem Fraktionschef eine Einbahnstraße ist: »Ja, Herr Dr. Schäuble, lieber Wolfgang«, antwortet er artig.

Das Regierungsviertel besteht aus einem System kommunizierender Röhren, das Neulinge mühsam erforschen müssen, wollen sie länger bleiben. Es fängt bei der Sprache an und endet in der Grauzone dessen, was nicht gesagt wird. Es gibt Fraktionssitzungen und Hintergrundgespräche, Strömungstreffen und die bilaterale Klärung offener Fragen, klare Absprachen und deren ebenso klaren Bruch – und ein unentwirrbares Geflecht wechselseitiger Gefälligkeiten. Sie schaffen Abhängigkeiten. Aber Bündnisse sind hier Zweckbündnisse, und sie werden auf Zeit geschlossen. Wer Ärger in den eigenen Reihen vermeiden will, darf sich nicht festlegen lassen. Meinungsfreude und Lust an der streitbaren Diskussion bleiben als erste auf der Strecke, wenn jemand Karriere machen will. Je höher jemand steigt, desto größer wird sein Mißtrauen, und desto verklausulierter werden seine Formulierungen. Gleichzeitig aber werden seine Äußerungen auch immer filigraner interpretiert. Das macht ihn noch vorsichtiger, die Interpretationen noch kühner und den Nutzwert für die Öffentlichkeit immer geringer.

Zeit ist immer ein allzu knappes Gut. Sie muß ökonomisch eingesetzt werden. Volker Rühe reist als Verteidigungsminister nach Finnland. In der Residenz des deutschen Botschafters in Helsinki sitzt er neben seiner Amtskollegin Anneli Taina. Die lächelt freundlich und etwas unbestimmt ins Nichts. Mal rückt sie auf ihrem Sessel ein wenig nach rechts, dann wieder nach links. Ihr Nachbar hat in den letzten zwanzig Minuten kein Wort mit ihr gewechselt, sondern mit ihn begleitenden Journalisten über Bonner Zustände geplaudert. Auf deutsch. Das versteht Anneli Taina nicht. Deutschland ist ein ziemlich wichtiges Land in Europa. Finnland nicht. Eine gute Presse ist für Rühe allemal von größerer Bedeutung als der Eindruck, den er bei der finnischen Verteidigungsministerin hinterläßt. Wer den CDU-Politiker nicht interessiert, ihm von Nutzen sein oder auch gefährlich werden kann, den behandelt er nicht einmal schlecht. Er oder sie kommt im Raster seiner Wahrnehmung, sonst eng geknüpft, ganz einfach nicht vor.

Für diejenigen, die oben nicht mehr mitspielen, können die Folgen tragisch sein. Der greise Konrad Adenauer empfängt 1965, etwa zwei Jahre nach seinem Rücktritt als Bundeskanzler, einen Besucher. 20 Minuten sind für den Termin vorgesehen, er dauert mehr als doppelt so lange. Dann betritt Adenauers Sekretärin den Raum und reicht ihm einen Zettel: »Sie schreibt, ich hätte jetzt einen Termin«, sagt der Mann, der einmal Weltpolitik gemacht hatte, zu seinem Gast. »Ich habe aber gar keinen Termin.« Die Mitarbeiterin wollte ihren Chef davor schützen, so zu erscheinen, wie er war: einsam. Das Gespräch wird noch eine halbe Stunde fortgesetzt. Nicht ein einziges Mal klingelt in dieser Zeit das Telefon. »Dieser bedeutende, vergessene alte Mann saß da allein, und niemand wollte mehr etwas von ihm«, erinnert sich der Besucher. »Er klammerte sich daran, daß er mit jemand reden konnte und daß ihm einer zuhörte.« Eine ähnliche Geschichte wird über den ehemaligen Bundespräsidenten Heinrich Lübke erzählt. Wer im Regierungsviertel für niemanden mehr etwas tun kann, den gibt es nicht mehr.

Ich habe in Interviews Politiker häufig nach deren Freundeskreis gefragt. Mit steigendem Alter der Befragten wurde die Zahl derer kleiner, die sie dazu zählen mochten. Wer nicht zum Politikbetrieb gehört, mit dem lassen sich die eigenen Probleme nur schwer erörtern, und neue Freundschaften entstehen selten in einer Umgebung, in der selbst spontane, freundliche Gesten kleine, nagende Fragen hervorrufen: Was bezweckt der damit? Warum erzählt sie mir das? Weshalb will er wissen, wie es mir geht? Geht es mir vielleicht schlechter als ich denke, und alle anderen kennen den Grund dafür, nur ich nicht? Im Restaurant des Deutschen Bundestages sind gut gelaunte, schlecht gelaunte, betrunkene, triumphierende, unsichere, gelegentlich auch verzweifelte Abgeordnete zu treffen. Ein Gemütszustand hat Seltenheitswert: entspannte Ausgeglichenheit.

Wie soll sich auch jemand entspannen, der sich unter ständiger Beobachtung weiß? »Vier Stunden habe ich heute auf der Regierungsbank der Haushaltsdebatte im Bundestag zugehört«, erzählte Andrea Fischer. »Und die ganze Zeit habe ich mich auch darauf konzentriert, ein möglichst neutrales Gesicht zu machen.« Die Gesundheitsministerin hatte damals allen Grund, ihre Züge zu kontrollieren. Zwar haben ihr gerade ihre Spontaneität und ihr lebendiger Charme viel Sympathie, auch in den Medien, eingetragen. Aber in dem Maße, in dem die Kritik an ihrer Gesundheitsreform lauter wurde, häuften sich auch die unvorteilhaften Fotos und Fernsehbilder. Wer lacht, weint, schimpft, Wut und Freude offen zeigt und vielleicht sogar mal ausgelassen herumalbert, läßt sich leicht als emotional instabil charakterisieren. Für eine Politikerin ein gefährliches Urteil. Charaktermasken bilden sich in der Politik nicht zufällig heraus.

Weshalb gelingt es eigentlich einigen wenigen, sich offenkundig den beschriebenen Zwängen und Mechanismen zu entziehen? Wie machen die das? Warum erweckt Norbert Blüm, auch dem Urteil von Gegnern zufolge, noch nach Jahrzehnten politischer Arbeit den Eindruck, redlich zu sein, lebensfroh, neugierig auf seine Umwelt und fähig zu menschlichem Mitgefühl? Die Fragen bleiben offen. Vielleicht gibt es auch in der Politik einfach Glückskinder.

Viele Politiker klagen die Öffentlichkeit an, diese sei mindestens mitschuldig, wenn sich so viele aus ihren Reihen zu Misanthropen entwickelten. Dieselbe Bevölkerung, die von ihren Volksvertretern verlange, diese sollten ganz normale Menschen bleiben, nehme es ihren Repräsentanten andererseits sehr übel, wenn sie menschliche Fehler und Schwächen an den Tag legten. Dieser Vorwurf trifft nicht zu. Weit mehr als in anderen europäischen Ländern ist das Privatleben von Politikern in Deutschland weitgehend tabu, es sei denn, diese drängen es selbst der Öffentlichkeit auf. Prominente Abgeordnete und Minister können Restaurants, Theater und Sportveranstaltungen besuchen, ohne von einem Pulk ihrer Wähler bedrängt oder auch nur um Autogramme gebeten zu werden. Sie dürfen unhöflich, arrogant und sogar alkoholkrank sein, so lange sie ihre Arbeit tun. Die deutsche Bevölkerung nimmt im Alltag ziemlich viel Rücksicht auf ihre Repräsentanten. Erheblich mehr als die Medien.

Allerdings scheint eine steigende Zahl von Leuten allmählich die Geduld mit der Larmoyanz, der Überheblichkeit und der als strategischem Geschick ausgegebenen Verlogenheit vieler Mandatsträger zu verlieren. Über welche Eigenschaften müssen Politikerinnen und Politiker heute verfügen, um als jemand zu gelten, dem eine Zukunft vorhergesagt wird? Umfragen zufolge sinkt das Ansehen der politi-

schen Klasse insgesamt, während zugleich der Ruf nach
Volksvertretern lauter wird, die das verkörpern, was in Leit-
artikeln häufig als »Authentizität« bezeichnet wird. Mit
Echtheit, Zuverlässigkeit, Glaubwürdigkeit übersetzt der
Fremdwörterduden dieses Modewort.

Es wird interessant sein zu beobachten, wem diese Eigenschaften in den nächsten Jahren von der Öffentlichkeit zugeschrieben werden. Die Personalisierung der Politik scheint
mit der Wahl von Gerhard Schröder zum Bundeskanzler
ihren Höhepunkt erreicht zu haben. Schwingt das Pendel
zurück? Der tiefe Fall in der Kurve seiner Beliebtheit nur
wenige Monate nach Beginn seiner Amtszeit dürfte nicht
ohne Folgen bleiben, auch wenn er sich von dem Ansehens-
verlust wieder erholt hat. Glamour und Strahlkraft, der Politiker als Werbeträger seiner Partei: allzu viele haben sich
genasführt gefühlt, als die Kluft zwischen telegenen Auftritten und realen Möglichkeiten nicht mehr zu verbergen war.

Seriosität, Fleiß und Ehrlichkeit sind in diesen Tagen die
Eigenschaften, die Umfragen zufolge gute Aussichten auf
einen der vorderen Plätze des Politbarometers eröffnen.
Aber welche Ziele sind es, für die fleißig gearbeitet, die ehrlich und seriös angestrebt werden sollen? Seit Bestehen der
Bundesrepublik sind die prinzipiellen politischen Richtlinien
von den Parteien vorgegeben worden. Dieser Aufgabe werden sie in immer geringerem Maße gerecht.

Parteien ohne Parteigänger

»Wir sind nicht klüger als die anderen. Wir sind aber auch nicht dümmer.« Treffender als mit diesen lapidaren Sätzen läßt sich die neue intellektuelle Bescheidenheit der deutschen Parteien und ihrer Spitzenkräfte kaum beschreiben. Der FDP-Vorsitzende Wolfgang Gerhardt hatte allerdings nur über die eigenen Reihen gesprochen und seine Bemerkungen durchaus ermutigend gemeint, als er sie auf dem Parteitag Ende Mai 1997 fallen ließ. Aber der Anspruch scheint nicht nur den Liberalen, sondern auch anderen zu genügen. Nicht klüger, nicht dümmer als die Rivalen: Das wird fürs parlamentarische Überleben schon reichen. Wird es reichen?

Die Große Koalition könnte in Deutschland bald von der demokratietheoretisch unerwünschten Ausnahme zum Regelfall werden: dann nämlich, wenn es außer den Volksparteien nur noch der PDS gelingen sollte, die Fünf-Prozent-Hürde zu überspringen und diese weiterhin von SPD und Unionsparteien als Koalitionspartner auf Bundesebene prinzipiell abgelehnt wird. Zehn Jahre nach der deutschen Vereinigung nimmt die PDS in der deutschen Parteienlandschaft weiterhin eine Sonderstellung ein. Die Rolle des Paria verschafft auch Vorteile. Die PDS kann sich folgenlos und ohne Risiko für ihre Führungsmannschaft größere Programmtreue als die Konkurrenz erlauben, und sie gewinnt damit neben ihrer festen Verankerung im Osten nun auch im Westen Anhänger, die der Angleichung der anderen Parteien aneinander überdrüssig sind.

In einer ganz anderen Lage befinden sich FDP und Bündnis 90/Die Grünen. Zwar sah es im letzten Jahr einige Zeit so aus, als stünde den Liberalen eine glanzvolle Zeit bevor, aber inzwischen deutet vieles darauf hin, daß die Blütenträume in erster Linie der anhaltenden Krise der Union geschuldet waren und nicht reifen werden. Die Grünen sehen sich gar in ihrer parlamentarischen Existenz bedroht. Langfristig drohen beide kleinen Westparteien zwischen den Mühlen der parteiübergreifenden Suche nach Konsens in allen wichtigen politischen Fragen zerrieben zu werden. Wenn sich nur noch die handelnden Personen und nicht mehr die Programme voneinander unterscheiden, verlieren sie ihre Rolle als Korrektiv oder als verstärkendes Element der Politik der Großen. Die meisten Wähler entscheiden lieber über die Person des Bundeskanzlers als über den Außenminister, wenn ihnen sonst keine Wahl mehr bleibt.

Derzeit bleibt ihnen kaum noch eine andere Wahl. Der Pulitzerpreisträger Thomas L. Friedman von der *New York Times* greift in seinem Buch »Globalisierung verstehen« ein Bonmot des britischen Liberalen Paddy Ashdown aus dem Wahlkampf in dessen Heimat 1997 auf. Dieser meinte, zwischen dem damaligen konservativen Premierminister John Major und seinem sozialdemokratischen Herausforderer Tony Blair sei nicht der Hauch eines inhaltlichen Unterschieds auszumachen. Es sehe aus, als übten sie sich im »Synchronschwimmen«.

Friedman überträgt das Bild der Synchronschwimmer auch auf Gerhard Schröder und Helmut Kohl im deutschen Wahlkampf 1998. Er läßt erkennen, daß er meint, es gebe dazu gar keine sinnvolle Alternative, und er zitiert als Beleg den ehemaligen südkoreanischen Ministerpräsidenten Lee Hing Koo: »Wir begriffen zunächst nicht, daß der Sieg im Kalten Krieg ein Sieg des Marktes über die Politik war. Die großen Entscheidungen heute betreffen die Frage, ob man ein demokratisches System und eine offene Volkswirtschaft hat oder ob man das nicht hat. Dies sind die großen Alternativen. Hat man diese grundsätzlichen Entscheidungen einmal getroffen, ist alle Politik nur noch politische Ingenieurskunst mit der Aufgabe, innerhalb des vom System vorgegebenen engen Spielraums Entscheidungen umzusetzen.«

Friedman stimmt mit der Analyse seines Interviewpartners

überein. Auch in Deutschland scheinen viele Spitzenpolitiker diese Position unabhängig von ihrer Parteizugehörigkeit zu teilen. Wenn jemand in der Politik nur noch eine »Ingenieurskunst« sieht, die innerhalb sehr eng gesteckter Grenzen ausgeübt werden kann, dann ist es auch verständlich, wenn er der Fähigkeit zur Integration einen weit höheren Stellenwert beimißt als der Fähigkeit, Positionen zugespitzt formulieren und provokante Konzepte erarbeiten zu können.

Einem Politiker, der im Ruf steht zu »polarisieren«, bleibt derzeit der Weg zu den höchsten Ämtern versperrt. So wurde diese Charakterisierung aus den Reihen der Union immer wieder als Einwand gegen eine mögliche Kanzlerkandidatur des CSU-Vorsitzenden Edmund Stoiber vorgebracht. Sie war auch die am häufigsten zu hörende Begründung dafür, daß FDP-Politiker lieber den farblosen Wolfgang Gerhardt an der Spitze der Partei behalten als den rührigen Generalsekretär Guido Westerwelle in dieses Amt wählen wollen.

Polarisierung gilt aber nicht nur im Blick auf Personen, sondern auch im Blick auf Themen als gefährlich. Ob es um die Zukunft der Rente oder der Bundeswehr geht, ob um die Steuer-, die Gesundheits- oder die Energiepolitik, ob um den Euro oder um den Kosovo-Krieg: (Fast) alle wollen sich in allen Fragen immerzu einig sein. Welche Folgen diese Entwicklung für die Parteien hat, zeigt besonders anschaulich das Beispiel von Bündnis 90/ Die Grünen. Wurden sie früher gerade wegen ihres Muts zur Provokation gewählt, so werben sie inzwischen mehr um Applaus als um Prozente. Im Eifer ihrer Bemühungen beschimpfen sie die eigene Klientel.

Ökologische Themen riechen modrig. Auf UNO-Mandate für Militäreinsätze kann im Ausnahmefall verzichtet werden. An den Steuerprivilegien für Diplomaten soll nicht gerüttelt werden. Fünf Mark für einen Liter Benzin sind ein auch langfristig überteuerter Preis. Ein Verbot der atomaren Wiederaufarbeitung ist nicht so eilig und die regelmäßige

Hinnahme der doppelten Staatsbürgerschaft keine gute Voraussetzung für die Integration von Ausländern in die Gesellschaft. All diese Positionen haben in den ersten sechs Monaten nach den Bundestagswahlen prominente Vertreter von Bündnis 90/Die Grünen vertreten. Für gegenteilige Ansichten sind sie gewählt worden. Daniel Cohn-Bendit nannte die doppelte Staatsbürgerschaft in der *taz* einen »Fetisch für Gesinnungsethiker«. So verächtlich hat nicht einmal die oft als Umfallerpartei gescholtene FDP je die eigenen Anhänger abgekanzelt. Ob es klug von einer Partei ist, den Stammwählern zu suggerieren, eine Zustimmung zu den eigenen Programmrichtlinien zeuge von Vergreisung? Die Ergebnisse zahlreicher Landtagswahlen sprechen eher gegen einen solchen Kurs.

Es ist eine Ironie der Geschichte, daß ausgerechnet die jüngste der westdeutschen Bundestagsparteien sich stärker als jede andere vermeintlichen Sachzwängen zu beugen bereit ist und Kompromisse selbst um den Preis der eigenen Unkenntlichkeit schließt. Immerhin waren die Grünen einmal angetreten, Mißstände aufzudecken, an der Macht gesättigte Politiker und die Strukturen, die deren Praktiken begünstigen, zu entlarven. Sie verdanken ihren Erfolg nicht zuletzt dem Kampf gegen die Behauptung, die Wahl des »kleineren Übels« sei die einzige Wahl, die ein demokratisches System wie die Bundesrepublik zu bieten habe. Tempi passati. Inzwischen sind die Grünen für viele ihrer Anhänger selbst zum »kleineren Übel« geworden. Bestenfalls. Besonders auffällig ist ihre Wandlung vor allem deshalb, weil sie einst mit einem so hohen moralischen Anspruch aufgetreten waren, der nicht frei von Selbstgerechtigkeit gewesen ist. Im Kleinmut gegenüber den vermeintlichen Zwängen der Außenwelt stehen andere Parteien den Grünen jedoch nicht nach.

Es scheint sehr schwer zu sein, sich der Attraktivität einer parteiübergreifenden Suche nach Konsens zu entziehen, umso mehr, als Analytiker der Globalisierung und deren

Konsequenzen behaupten, es gebe dazu ohnehin keine Alternative mehr. Es ist interessant, was die Protagonisten dieses Politikverständnisses unter dem verstehen, was sie als das demokratische System bezeichnen. Der US-Journalist Thomas L. Friedman nennt den globalen Markt eine »elektronische Herde, die aus häufig anonymen, über Computer und Netzwerke miteinander verknüpften Aktien-, Anleihe- und Devisenhändlern und Investoren besteht«. Seiner Ansicht nach honoriert diese Herde eine gute Wirtschaftspolitik und bestraft eine schlechte. Die Folge, aus Friedmans Sicht: »Die elektronische Herde verwandelt die ganze Welt in ein parlamentarisches System, in dem jede Regierung unablässig ein Mißtrauensvotum der Herde fürchten muß.« Wer sich diese Perspektive zu eigen macht, erweckt den Ständestaat über die Datenautobahn zu neuem Leben. Sozialhilfeempfänger haben darin keine Stimme mehr.

Der Autor verwendet auch Begriffe wie »Demokratisierung der Finanzen« und »Demokratisierung der Information« und meint damit, daß Entwicklungen wie die Öffnung der Kapitalmärkte und die immer größere Bedeutung des Internet es einer beständig wachsenden Zahl von Menschen ermögliche, frei von Beschränkungen ihrer jeweiligen Regierungen weltweit Angebote zu unterbreiten und zu nutzen sowie freien Zugang zu Informationen zu erhalten. Dieses Verständnis von Demokratie legt den Gedanken nahe, seine Verfechter hielten die Ideale der Aufklärung durch die Erfindung des Mikrochips für verwirklicht.

Es ist eigentümlich, daß gerade Bewohner von Industriestaaten gern die segensreichen Wirkungen von Fortschritten der Computerindustrie für die Völker diktatorisch regierter Entwicklungsländer preisen und die Ansicht vertreten, das Internet erschwere den Tyrannen dort ihre manipulatorischen Machenschaften. Mein Eindruck ist das nicht. Mag sein, daß in dreißig Jahren jeder kenianische Kleinbauer und jede ugandische Näherin einen PC zu Hause haben. Ich halte das für unwahrscheinlich. Bisher haben sie im allgemeinen nicht einmal Strom, können oft nicht lesen und sind dank des technischen Fortschritts heute in eher stärkerem Maße als früher der Propaganda der Mächtigen ausgesetzt. Radios sind in Afrika weiter verbreitet als jede andere technische Neuerung des 20. Jahrhunderts. Es ist zu bezweifeln, daß der Völkermord in Ruanda an der Minderheit der Tutsi ohne die rassistischen Hetzparolen des Radiosenders »Milles collines« jene schrecklichen Ausmaße hätte annehmen können, die er angenommen hat.

Muß der unausweichliche Siegeszug der Demokratie als Folge der Globalisierung schon im Blick auf diktatorisch regierte Entwicklungsländer stark bezweifelt werden, so gilt das in noch stärkerem Maße für deren Erhalt in bereits jetzt demokratisch verfaßten Industriestaaten. Für die Menschen dort ist der freie Zugang zu Informationen per Internet kein prinzipieller, sondern nur ein gradueller Fortschritt. Das »Synchronschwimmen« hingegen, das die Mehrheit ihrer Spitzenpolitiker angesichts des neuen Systems der Weltwirtschaft derzeit offenbar für unausweichlich hält, beraubt die Bevölkerung dessen, was als das wesentlichste Merkmal einer Demokratie angesehen werden muß: der Alternativen.

Die Frage ist nicht, ob der Tatsache als solcher grundsätzlicher Widerstand entgegengesetzt werden sollte, daß Handel und Kommunikation über nationale Grenzen hinweg auch infolge revolutionärer Erfindungen wie dem Internet weiterhin rasant zunehmen werden. Allein schon der Versuch des Widerstands wäre ebenso lächerlich wie beispielsweise ein Beschluß, Erdbeben oder Erntezeiten aus prinzipiellen Erwägungen heraus abzulehnen. Die Einsicht, daß Erdbeben unvermeidlich sind und Erntezeiten regelmäßig wiederkehren, bedeutet aber nicht, daß Entscheidungsträger keine Schritte unternehmen können, deren Folgen abzuschwächen oder zu verstärken. Es ist ein Unterschied, ob in einem Erdbebengebiet besonders strenge Bauvorschriften selbst für Bungalows gelten oder ob dort ein Atomkraftwerk hingestellt wird. Es ist eine umweltpolitische ebenso wie eine wirtschaftspolitische Frage, ob und in welchem Umfang der Gebrauch von Düngemitteln für eine ertragreichere Ernte gefördert oder behindert wird.

Dennoch scheint eine wachsende Zahl von Politikern den Zwängen der Globalisierung noch hilfloser gegenüberzustehen als jedem Naturereignis. Sie wetteifern allein darum, wem es am besten gelingt, der »elektronischen Herde« alle Hürden aus dem Weg zu räumen. Das Ziel der Deregulierung bedarf keiner näheren Begründung mehr. Es ist ein Wert an sich geworden. Für wen? Gerhard Schröder müsse jetzt »Schiedsrichter« sein, sagt ein Fernsehreporter im Blick auf Konflikte zwischen Arbeitgebern und Gewerkschaften beim Bündnis für Arbeit. Ein Schiedsrichter hat Regelverstöße zu ahnden. Angewandt auf einen Regierungschef, ist der Begriff aufschlußreich. Die Exekutive hat demzufolge nicht mehr die Regeln festzulegen, sondern es bleibt ihr nur noch die Aufgabe, sie zu überwachen. Wer bestimmt sie?

Wolfgang Schäuble und Oskar Lafontaine wurden mit sehr unterschiedlichen politischen Vorstellungen identifiziert. Das allein war in der sonst an Konzepten armen Parteienlandschaft eine große Leistung. Beide sind – wenn auch aus unterschiedlichen Gründen – mit ihren Bemühungen gescheitert, den produktiven Streit auf die politische Bühne zurückzubringen. Das liegt nicht nur an ihren Parteien. An das Interesse der Öffentlichkeit, über konkurrierende Modelle mehr zu erfahren, glauben offenbar nicht einmal mehr die für politische Fernsehsendungen zuständigen Redaktionen. Um die vermuteten Wünsche der breiten Masse zu befriedigen, nehmen sie Zuflucht zu Mätzchen. Der Moderatorin Sabine Christiansen gelingt es im letzten Bundestagswahlkampf, Schäuble und Lafontaine gleichzeitig ins Studio zu bekommen. Aber statt die beiden streiten zu lassen, wird während der Sendung in deutsche Kleinstädte geschaltet, wo die Frau und der Mann auf der Straße jeweils eine bohrende Frage stellen dürfen. Beispiel: »Was wollen

Sie gegen die Arbeitslosigkeit tun?« Es ist nicht ausschließlich die Schuld von Politikern, wenn ihre öffentlichen Auf-
tritte von Leerformeln beherrscht werden.

Schäuble hat sich in seiner Partei vergeblich für einen
Wahlkampf eingesetzt, in dem der Bevölkerung die aus seiner Sicht notwendigen »Zumutungen« nicht verschwiegen
wurden. Er und der damalige Bundeskanzler Helmut Kohl
waren in dieser Frage grundsätzlich unterschiedlicher
Ansicht. Ein großer Teil der CDU-Basis hat allerdings von
dem Dissens gar nichts mitbekommen. So ist es zu erklären,
daß die Delegierten des Leipziger Parteitags Kohl stürmisch
feierten, aber zugleich auch Sätze von Schäuble herzlich
beklatschten, in denen dieser die Richtung vorzugeben versuchte: »Wir sollten das Nachdenken nicht verbieten wollen. Und wer ein Problem als Problem benennt, ohne schon
eine perfekte Lösung zu haben, sollte von den Bedenkenträ-
gern und Besitzstandsverteidigern nicht gleich des Hochver-
rats verdächtigt werden.« Mit fast unbewegtem Gesicht
sprach Schäuble diese Sätze. Sie verhallten ohne Wirkung.

Schäuble hat in Leipzig eine Rede gehalten, in der er sein
Programm zusammenfaßte. »Wir müssen Globalisierung
nicht immer nur als Bedrohung, wir müssen sie als Chance
begreifen!« Wolfgang Schäuble gelingt es als einzigem Spitzenpolitiker einer Volkspartei, das Stichwort der Globalisierung positiv zu besetzen. Das kann er, weil die Gefahren der
neuen Wirtschaftsordnung sein Weltbild nicht bedrohen.
Deren Vorteile wiegen für ihn schwerer als die Sorge, daß
große Teile der Gesellschaft dauerhaft ins Abseits gedrängt
werden könnten. Auch Schäuble stellt auf dem Parteitag
zwar fest: »Das Auseinanderbrechen unserer Gesellschaft in
einen Teil, der immer reicher wird, und einen anderen, der
in der modernen Welt Anschluß und Zukunft verliert, entspricht nicht unserem Leitbild von sozialer Gerechtigkeit.«
Daraus zieht er aber dann den Schluß: »Deshalb wird Ver-
mögensbildung und Vermögenspolitik noch wichtiger.«
Endlich Aktienpakete für die Obdachlosen? Ach nein, an die

hat er wohl nicht gedacht. Schäuble weiß, daß auf dem von ihm gewünschten Weg in die Zukunft manche draußen vor der Tür bleiben werden: »Mag sein, daß auf absehbare Zeit nicht mehr jeder einen traditionellen Vollzeitarbeitsplatz wird bekommen können.« Denen, die davon betroffen sind, will er Alternativen bieten: »Arbeiten wir daran, daß künftig jedem arbeitsfähigen Empfänger von Arbeitslosen- und Sozialhilfe eine Arbeitsgelegenheit nachgewiesen werden kann, notfalls auch in Form eines öffentlichen Beschäftigungsangebots.« So elegant lassen sich Überlegungen formulieren, eine allgemeine Dienstverpflichtung einzuführen.

Schäubles politisches Zukunftsmodell liefert genügend Angriffsflächen für Kritik – aber es bietet diese Angriffsflächen wenigstens. Weder in der rhetorischen Form noch im Tonfall trumpft er auf. Sein zurückhaltender Redestil und seine sehr sorgfältigen Formulierungen lassen oft erst auf den zweiten Blick erkennen, wie zugespitzt manche seiner Thesen ihrem Inhalt nach sind. Das hat ihm bisher die Charakterisierung erspart, er sei ein Politiker, der »polarisiere«. Oskar Lafontaine ist dieser Etikettierung nicht entkommen. Er galt Anhängern wie Gegnern stets gleichermaßen als provokant.

Anders als Schäuble hatte Lafontaine stets in besonderem Maße die unterprivilegierten Schichten der Gesellschaft im Blick, wenn er ordnungspolitische Maßnahmen im ökonomischen Bereich anmahnte. In seinem Buch »Das Herz schlägt links« geht er hart mit denen ins Gericht, die meinen, die Entwicklung der Weltwirtschaft lasse der Politik ohnehin kaum noch Gestaltungsmöglichkeiten: »Die in den achtziger Jahren durchgeführte Liberalisierung der weltweiten Kapitalmärkte war eine politische Entscheidung. Es ist wichtig, das festzustellen, weil oft so getan wird, als sei diese Entwicklung gottgegeben. Es wurde immer mehr zur Mode, Entscheidungen gegen die Mehrheit der Bevölkerung mit dem Satz zu begründen: ›Wer nicht so handelt, den bestrafen die Märkte.‹«

Lafontaine glaubt ebensowenig wie Schäuble, daß der Prozeß der Globalisierung das Ende der Politik im herkömmlichen Sinne bedeutet. »Nicht die ›Märkte‹, sondern demokratisch gewählte Regierungen und Parlamente müssen die Entscheidungen treffen, die die Zukunft unserer Gesellschaft bestimmen«, schreibt der ehemalige SPD-Vorsitzende. Es überrascht nicht, daß nach seinem Rücktritt als Finanzminister dem Vernehmen nach in verschiedenen Zentren der wirtschaftlichen Macht die Sektkorken knallten. Nicht in allen. Längst gibt es Ökonomen und Wirtschaftsführer, die nachdrücklich politisches Handeln einklagen und lauter als irgendein Mitglied der Bundesregierung beispielsweise vor den unkalkulierbaren Folgen ungebremster Börsenspekulation warnen.

»Es geht darum, gegenüber der Zügellosigkeit wirtschaftlicher Egoismen den Primat des Politischen wiederherzustellen, der konstitutiv für die demokratische Staatsidee ist«, fordert Edzard Reuter, der ehemalige Vorstandsvorsitzende von Daimler-Benz, in der *Zeit*. In derselben Ausgabe der Wochenzeitung sagt der US-Wirtschaftsforscher Edward Luttwak in einem Interview: »Politische Gremien existieren doch gerade, um den Marktkräften Grenzen zu setzen. Deshalb bin ich auch sicher, daß die Schröders und die scheinheiligen Blairs von Politikern abgelöst werden, die wirklich wissen, worum es geht.« Luttwak bleibt übrigens nicht unverbindlich, er wird konkret: »Wer den US-Turbokapitalismus will, muß auch die strengen Kartellregeln und das amerikanische Justizsystem insgesamt einführen.« Diese Forderung habe ich von denjenigen in Deutschland, die derzeit Wünsche nach weiterer Liberalisierung mit Erfolgen der US-Wirtschaft begründen, noch nie gehört.

Wer nicht die Ansicht vertritt, Politik bestehe heute nur noch in »Ingenieurskunst«, sondern wer meint, es gebe nach wie vor Entscheidungsalternativen und Spielraum für Gestaltung, dem mangelt es nicht an Themen. Europa befindet sich im Umbruch. Der Kontinent hat seit der Französischen

Revolution keine derart einschneidenden Veränderungen erlebt, wie sie sich gegenwärtig vollziehen. Die Grenzen werden neu gezogen, dieses Mal durch die Entscheidung darüber, wer sich unter das Dach der Wirtschaftsmacht EU stellen darf und wer nicht. Die Zukunft des Nationalstaats ist ebenso ungewiß wie seine künftigen Aufgaben ungeklärt sind, sollte es ihn weiterhin geben. Der Kampf um knappe Ressourcen droht immer seltener am Verhandlungstisch und immer häufiger auf dem Schlachtfeld ausgetragen zu werden. Die Rolle des Militärs verändert sich. Soziale Gerechtigkeit, Freiheit, Sicherheit, Solidarität und der Schutz von Minderheiten müssen neu definiert werden. Wie lassen sich die im Zusammenhang mit der deutschen Vereinigung entstandenen Probleme lösen? Bleiben Arbeit und Beschäftigung auch in der Zukunft die bestimmenden Merkmale, über die sich Lebensläufe definieren? Welchen Platz wird die Gesellschaft denen zuweisen, die im althergebrachten Sinne keinen Platz mehr in ihr finden?

Viele Fragen. Und ein kurzer Rückblick auf den Bundestagswahlkampf 1998. Die CDU plakatiert einen Elefanten mit der Aufforderung »Keep Kohl«. Bündnis 90/Die Grünen stellen den damaligen Kanzler mit demselben Tier dar, lassen aber auf ihren Werbeflächen den Dickhäuter im See versinken. CDU-Generalsekretär Peter Hintze versendet eine einzeilige Pressemitteilung: »Der Kohlifant, der Kohlifant, der bleibt das größte Tier im Land!« Die SPD zeigt einen bunten Dinosaurier und mahnt: »Schon Größere mußten gehen, wenn sich die äußeren Umstände geändert hatten, Herr Kohl.«

Die Themen, an die man sich neben der personellen Alternative sowie den damit verbundenen Etiketten »neu« und »verbraucht« vor allem aus dem Wahlkampf erinnert, sind Scheinthemen. Bündnis 90/Die Grünen verwenden alle Kraft darauf, den Parteitagsbeschluß in Vergessenheit geraten zu lassen, der einen langfristigen Anstieg der Benzinpreise auf fünf Mark vorsieht. Peter Hintze verwendet viel

Kraft darauf, die Erinnerung an eben jenen Beschluß wach-
zuhalten. Darüber hinaus scheitert er mit dem Versuch, den
alten Lagerwahlkampf neu zu beleben und der SPD ein
geplantes Volksfrontbündnis mit der PDS zu unterstellen,
an das nicht einmal die CDU-Anhänger glauben. Den Sozialdemokraten reicht Gerhard Schröder als Programm, der
die Wahlen erkennbar eher trotz als wegen seiner Partei zu
gewinnen hofft und darin Joschka Fischer gleicht.

So schwierig finden es alle, sich inhaltlich vom Gegner zu
unterscheiden, ohne zugleich Widerspruch zu provozieren,
daß es nicht etwa Freude, sondern Zorn erregt, wenn Über-
zeugungsarbeit auch in anderen Parteien Früchte zu tragen
scheint. Das SPD-Konzept zur Inneren Sicherheit unterscheidet sich nun kaum noch von dem der Konservativen.
Zeigen die sich beglückt über die seit langem geforderte
Einsicht der Konkurrenz? Mitnichten. Wolfgang Schäuble
wittert ein »großangelegtes Betrugsmanöver«, der damalige
CSU-Vorsitzende Theo Waigel wirft den Sozialdemokraten
gar »geistigen Diebstahl« vor. Kerstin Müller von Bündnis 90/Die Grünen übt auf einer Pressekonferenz allerdings
scharfe Kritik am neuen gemeinsamen Kurs der Volksparteien in diesem Bereich. Da meldet sich eine Journalistin zu
Wort: Ob Frau Müller denn nicht befürchte, mit ihren Ausführungen »mal wieder nicht im Trend« zu liegen? Die reagiert verblüfft: Es könne ja nun nicht Aufgabe von Politikern
sein, im Trend zu liegen. Nein?

»Wenn wir die Konflikte schon nicht lösen können, müssen wir wenigstens den kritischen Blick entschärfen, der aus
Konflikten Herausforderungen macht.« Das, so erklärt Jürgen Habermas im Juni 1998 im Berliner Willy-Brandt-Haus
der SPD, scheinen sich seit 1989 immer mehr Politiker zu
sagen. Seit der Rede des Philosophen sind zahlreiche Spitzenkräfte auf dem Weg zu diesem Ziel gut vorangekommen.
Welcher Eindruck in den nächsten Tagen unbedingt vermieden werden müsse, will ein Reporter des ARD-Morgenma-
gazins vor Beginn des SPD-Parteitags im Dezember 1999

von Gerhard Schröder wissen. Der Parteivorsitzende kommt in seiner Antwort mit einem einzigen Wort aus: »Uneinigkeit«. Dieser Eindruck wird vermieden.

Mit 86,3 Prozent der Stimmen wurde Schröder von diesem Parteitag in seinem Amt bestätigt, ein Ergebnis, das Beobachter zwar nicht überwältigend, aber doch akzeptabel finden. Die 73,4 Prozent der Stimmen, auf die es sein Stellvertreter Rudolf Scharping brachte, werden dagegen übereinstimmend als schallende Ohrfeige für den Verteidigungsminister gewertet, der in den zurückliegenden Wochen gelegentlich hat durchblicken lassen, daß er sich das Amt des Bundeskanzlers durchaus auch zutraut. Geschlossenheit ist das Gebot der Stunde, Kritik und interne Rivalitäten sind wenig populär. Gute Wahlergebnisse und freudiger Zuspruch haben die Tendenz, von einer Gelegenheit zur nächsten jeweils übertroffen werden zu müssen, sollen sie nicht als Niederlage gewertet werden. Das diszipliniert diejenigen, die mit dem Kurs eines Kandidaten nicht so recht zufrieden sind, gleichwohl aber den Eindruck innerer Zerstrittenheit vermeiden wollen.

Die Abkehr von verbindlichen politischen Leitlinien schwächt die Bedeutung der Parteien als Instrument der Herrschaftssicherung nicht. Der Politikwissenschaftler Karl-Rudolf Korte beschreibt schon im Oktober 1999 – also mehrere Wochen vor dem SPD-Parteitag – in der *Frankfurter Allgemeinen Zeitung*, wie der Bundeskanzler seine Hausmacht stärkt: »Geschickt setzt Schröder im Blick auf die Partei seine Strategie des Ausschaltens durch Einbinden fort: Widersacher aus dem eher linken politischen Lager wie Klimmt werden im Kabinett integriert; machtstrategische Konkurrenten wie Scharping werden mit Aufgaben einer Bundeswehrstrukturreform beschäftigt und fern gehalten; Parteilinke und ostdeutsche Protagonisten sammeln und verkämpfen sich in der Grundwerte- und Programmkommission. Störenfriede auf dem Weg zur Kandidatenkür – wie Rau – wurden in höhere Ämter weggelobt.«

Ältere Korrespondenten erzählen gelegentlich von span-
nenden Parteitagen der Vergangenheit, auf denen glänzende
Redner sich geschliffene rhetorische Gefechte geliefert
haben sollen und wo den völlig offenen Entscheidungen
über Grundsatzfragen bis zum Schluß entgegengefiebert
worden sei. Jüngere Kollegen hören diesen Anekdoten höflich und ein wenig skeptisch zu. Überraschungen sind auf
Parteitagen schon lange seltene Ausnahmen, die die Regel
gähnender Langeweile bestätigen. Eine Partei muß tief ver-
unsichert sein, damit jemandem ein Coup gelingen kann wie
Lafontaine, der 1995 den glücklosen Rudolf Scharping vom
Thron des Parteivorsitzenden stürzt.

Mit inhaltlichen Beschlüssen erregen Parteitage noch sel
tener Aufsehen als mit Personalentscheidungen. Wie verstei-
nert nehmen Bundeskanzler Helmut Kohl, Bundestagspräsi-
dentin Rita Süssmuth und CDU-Generalsekretär Peter
Hintze 1995 zur Kenntnis, daß die Delegierten ihren
Wunsch abgelehnt haben, nun auch in der CDU eine in
anderen Parteien längst übliche Frauenquote für die Besetzung von Ämtern und Mandaten einzuführen. Erst ein Jahr
später werden sie zustimmen. Spitzenpolitiker und auch die
Medien sehen in Abstimmungsniederlagen auf Parteitagen
inzwischen einen so klaren Beweis eines tiefgreifenden
Mißtrauens gegen die Führungsriege, daß ihre Bedeutung
stets die Bedeutung des jeweils in Rede stehenden Sachthe-
mas übersteigt. Auch das diszipliniert Delegierte.

Dennoch wird in den Medien regelmäßig vor Parteitagen
der Eindruck erweckt, hinsichtlich einer wichtigen Abstimmung stehe es Spitz auf Knopf – so läßt sich noch am ehesten
Spannung bei einem Thema erzeugen, über das nun einmal
berichtet werden muß. Ebenso regelmäßig winken die Delegierten dann aber am Ende den Antrag durch, den ihre
Führungsspitze favorisiert oder selbst ausgearbeitet hat. Die
Parteitagsregie kann schon allein mit der Abfolge der Redner und der Tagesordnung vieles in die rechten Bahnen len-
ken. Die Berliner SPD stimmt 1999 halt doch für die Koali-

tion mit der CDU, ihre Parteifreunde im Bund votieren nur
wenige Tage später gegen einen Antrag, der die Einführung
einer Vermögensteuer nicht ausschließt, und Bündnis 90/
Die Grünen haben bereits Monate vorher die Nato-Angriffe
auf Jugoslawien im Gegensatz zu ihrem Grundsatzprogramm nicht für rechtswidrig, sondern für unvermeidlich
erklärt. Alles wenig überraschend.

Übrigens sind auch den Grünen »Pannen« in den letzten
Jahren nur dann passiert, wenn eine Entscheidung entweder
im Blick auf ihre öffentliche Wirkung unterschätzt wurde
wie der Benzinpreisbeschluß oder die Führungsspitze ihre
Mehrheit irrtümlich für gesichert hielt, und viele Delegierte
bei der jeweiligen Abstimmung deshalb gar nicht im Saal
anwesend waren. Der vorhersehbare Verlauf, den auch Bun-
desdelegiertenversammlungen dieser einst alternativen Partei inzwischen im allgemeinen nehmen, bringt den Grünen
nun schon seit Jahren regelmäßig nach Parteitagen in Kommentaren das Kompliment ein, sie seien »erwachsen«
geworden. Wenn die Partei nicht von der politischen Bühne
verschwindet, dann erreicht diese Floskel die letzten Grün-
dungsmitglieder der Grünen im Seniorenpark.

Selbst Klausurtagungen dienen inzwischen nur noch selten der Bestimmung eines politischen Kurses oder gar der
offenen Diskussion, sondern lediglich als weitere Kulisse für
die Inszenierung von Politik. Nur wenn die jeweiligen Parteien ein Bild der Geschlossenheit präsentieren, gelten derartige Treffen als Erfolg. Die Klausurtagung der CSU in
Wildbad Kreuth war in den Tagen von Franz Josef Strauß
zum Mythos geworden: allemal gut für wuchtige Zitate,
gelegentlich sogar für harte Nachrichten. Der Glanz ist
dahin. Inzwischen bemüht sich auch die Spitze dieser doch
in Bayern nach wie vor unangefochtenen Dynastie um For-
meln, mit denen sich Meinungsverschiedenheiten zwischen
den Schwesterparteien CDU und CSU möglichst griffig
überdecken lassen. Im Januar 1998 einigen sich Euro-Skeptiker und Euro-Befürworter in Kreuth darauf, daß der strik-

ten Einhaltung der Stabilitätskriterien größere Bedeutung zukomme als dem Zeitplan für die neue Währung, und daß außerdem dem Votum der Bundesbank erhebliches Gewicht beizumessen sei. Da kann sich dann jede Seite das herausgreifen, was ihr gerade gut ins Konzept paßt.

Es gibt kaum noch einen Ort, an dem Politiker den offenen Meinungsaustausch pflegen können, da selbst Treffen hinter verschlossenen Türen nur dafür da sind, Übereinstimmung zu demonstrieren, sobald die Türen sich öffnen. Entschlossener Geschlossenheit wird nicht nur dort oberste Priorität eingeräumt, wo ein Personenkreis eine konkrete Entscheidung zu treffen hat. Sie ist auch und gerade in Situationen gefordert, die eine eher diffuse Form der Zustimmung verlangen. Gerhard Schröder hält auf dem Parteitag im letzten Dezember eine Rede, mit der er nach übereinstimmender Meinung von Leitartiklern vor allem das Ziel verfolgt, alle Strömungen seiner Partei unter seine Fittiche schlüpfen zu lassen. Es ist ihm bei dieser Gelegenheit wenig daran gelegen, sich selbst innerhalb des politischen Spektrums der SPD ein weiteres Mal als »Modernisierer« zu positionieren. Eine derartige Rede mag interne Harmonie befördern, für Begeisterung bietet sie ihrer Natur nach wenig Anlaß. Dem amtierenden Parteivorsitzenden soll aber zugejubelt werden. In solchen Fällen schlägt wieder einmal die Stunde einer klugen Parteitagsregie.

»Als der Beifall nicht gerade aufbrandet, erhebt sich als erste auf dem Podium Heidemarie Wieczorek-Zeul und setzt einen Zwang in Gang«, schreibt Christoph Schwennicke in der *Süddeutschen Zeitung.* »Obwohl keiner wirklich von den Stühlen gerissen wird, stehen auch alle anderen dort oben auf, ein wenig, als müßten sie gegen ihre eigene Behäbigkeit ankämpfen, aber immerhin.« Zwei Minuten zehn hätten die stehenden Ovationen gedauert, erzählt ein Journalist, der den Beifall gestoppt hat: »Das ist o.k.« Hoffentlich werden die ritualisierten Formen der Zustimmung zum politischen Führungspersonal noch eine Weile beibehalten.

Eine Steigerung ließe eigentlich nur noch die Möglichkeit, Kuscheltiere auf die Bühne zu werfen.

Eine Karikatur der *Leipziger Volkszeitung* nach Beendigung des Parteitags zeigt Schröder, der, eine dicke Zigarre rauchend, hinten rechts aus dem Bild läuft. »Und wie lautet unser neues Grundsatzprogramm?«, fragt im Vordergrund eine SPD-Delegierte einen Parteifreund. Der blickt Schröder nach: »Wir lieben ihn …!« Nach dem rauschenden Beifall wähnen nun manche Journalisten ebenso wie optimistische Mitglieder der Regierungsfraktionen die Macht und das Ansehen des Bundeskanzlers dauerhaft und langfristig gesichert. Kein Spitzenpolitiker vor ihm hatte einen vergleichbar steilen Absturz in der Popularität in diesem Tempo erleiden müssen, ohne in einen Skandal verwickelt gewesen zu sein. War das also nur ein Betriebsunfall, dessen Folgen behoben sind?

Vieles spricht dafür, daß die Sympathiekurve des Bundeskanzlers auch weiterhin an eine Achterbahn erinnern wird. Den Erfolg auf dem Parteitag 1999 sicherten ihm sein Eintreten für die Rettung des Holzmann-Konzerns und der Spendenskandal der CDU – Ereignisse also, die von außerhalb der SPD auf die politische Großwetterlage einwirkten und mit dem Erscheinungsbild der Regierung nichts zu tun hatten. Die eigene Politik überzeugend zu präsentieren, stellt Gerhard Schröder hingegen auch weiterhin vor Schwierigkeiten.

In den letzten Wochen vor dem Parteitag hat er sich große Mühe gegeben, den an seine Adresse gerichteten Vorwurf einer sozial unausgewogenen Politik zu entkräften. »Wir haben – das zur Frage der Gerechtigkeit – 35 Milliarden Mark bewegt, weg von oben und hin zu den durchschnittlich Verdienenden, den Arbeitnehmerinnen und Arbeitnehmern in diesem Land«, sagt er in seiner Rede. Es ist zu verstehen, wenn Mitglieder der Bundesregierung es ungerecht und schmerzlich finden, daß diese Leistung öffentlich so wenig Anerkennung findet. Aber das ist nicht auf eine Verschwörung feindseliger Medien zurückzuführen und ist schon gar nicht einfach das »Vermittlungsproblem«, von dem rot-grüne Politiker nach der Serie von Wahlniederlagen so häufig sprachen. Es ist Ergebnis der eigenen Strategie. So groß war die Angst von SPD und Bündnis 90/Die Grünen, es könne ihnen der Wunsch nach Systemveränderung unterstellt werden, daß ihnen jetzt nicht einmal mehr geglaubt wird, wenn ihre Vertreter behaupten, durchaus ein bißchen etwas im Land verändert zu haben.

Er habe die »ganz und gar unaggressive Vision einer Republik der Neuen Mitte«, hat Schröder in seiner Regierungserklärung im Oktober 1998 gesagt. Diese »Neue Mitte« grenze niemanden aus. Dann bindet sie aber auch niemanden. Wer die eigene Politik für »alternativlos« erklärt und alle Konflikte mit Vertretern anderer Parteien, mit Lobbygruppen oder mit der Industrie am liebsten im Konsens lösen möchte, der hat es schwer, streitbare Anhänger für den eigenen Kurs zu finden, die ihrer Partei und deren Führungsspitze auch in schwierigen Zeiten die Treue halten. Zu nahe liegt der Verdacht, die Konkurrenz werde auch keine im Kern andere Politik verfolgen.

In den eigenen Reihen stoßen die Parteien zunehmend auf Probleme bei der Rekrutierung mittlerer Führungskader, die gelegentlich »Parteisoldaten« genannt werden und die den Erfolg der eigenen Organisation in den Mittelpunkt ihrer Bemühungen stellen. Franz Müntefering ist vielleicht der letzte Vertreter dieser vom Aussterben bedrohten Spezies. Lafontaine hat über den im Dezember mit überwältigender Mehrheit zum Generalsekretär gewählten ehemaligen SPD-Geschäftsführer geschrieben, er habe als Mann gegolten, »der weder Schröder noch mir besonders verbunden war. Er pflegte in einer für mich fast provozierenden Weise zu sagen, ich bin nicht der Geschäftsführer des Vorsitzenden, sondern der Geschäftsführer der Partei.«

Wie viele außer Müntefering fallen einem im deutschen Parteienspektrum ein, die einen solchen Satz sagen würden? Hätte Helmut Kohl jemals jene unumschränkte Machtposition erlangen können, die sich später für die CDU und für ihn selbst als so fatal erweisen sollte, wenn wichtige Funktionäre in seiner Umgebung mehr Distanz zu ihm persönlich als zur ihrer Partei entwickelt hätten? Der ehemalige Generalsekretär Heiner Geißler gehörte zu den ganz wenigen innerhalb der CDU, die Kohl offen zu widersprechen wagten. Es ist ihm nicht gut bekommen. Aber auch Helmut Kohl ist es, wie wir erst heute wissen und womit er selbst wohl niemals gerechnet hätte, nicht gut bekommen, daß er zum Autokraten wurde. Die Personalisierung der Politik schadet auf lange Sicht auch denen, die doch von ihr zu profitieren hoffen: den Politikern.

Wenn individuelle Professionalität und nicht die Qualität des Programms zum Gradmesser für gute Politik werden, gibt es keinen Grund mehr, handwerkliche Fehler zu verzeihen. Die Zahl der Wechselwähler steigt beständig. In dieser Tatsache sehen manche Wahlforscher, Journalisten und sogar Politiker ein Zeichen politischer Reife und einen besonderen Ansporn für die Parteien, um die Gunst der Bevölkerung zu werben. Das ist kurz gedacht. Der verläßliche Bestand von Stammwählern vergangener Tage war auch nicht bereit gewesen, jede tagesaktuelle Entscheidung der von ihnen favorisierten Partei blind zu bejubeln. Aber es gab eben früher politische Koordinatensysteme, in die sich die Summe aller Entscheidungen einfügte und aus denen jeweils eine Richtung abzulesen war. Davon trennt man sich schwerer als von der Zustimmung zu einem einzelnen Politiker, der enttäuscht. Mit politischer Reife hat das nichts zu tun. Allenfalls mit der Einsicht in die eng gesteckten Grenzen der eigenen Einflußmöglichkeiten.

Den politischen Parteien laufen die Parteigänger davon. Die traditionell den Volksparteien zuneigenden Milieus sind so groß, daß es diesen leichter fällt als den kleineren Gruppierungen, die Entwicklung zu verschleiern. Die meisten VW-Arbeiterinnen in Niedersachsen werden selbst dann noch lange SPD, die katholischen Bauern in Niederbayern auch dann noch CSU wählen, wenn niemand von ihnen mehr zu sagen vermag, worin die für sie wichtigsten Unterschiede in den Programmen der beiden Parteien bestehen. Aber die Erosion hat eingesetzt. Bekanntlich ist dieser Prozeß schwer zu stoppen, hat er erst einmal begonnen. Bei den kleineren Parteien wird er – auch aus rein quantitativen Gründen – schneller sichtbar.

Vor zwei Jahren ist einer Bekannten von mir in Bremen auf der Straße Wahlkampfmaterial der CDU angeboten worden. »Meinen Sie, das lohnt sich?«, fragte sie. »Ich bin eine Frau, 40 Jahre alt, Vollakademikerin und habe, seit ich erwachsen bin, in Städten gewohnt. Was glauben Sie, wen ich wähle?« – »Die Grünen«, lachte der Mann am CDU-Stand, der die Forschungsergebnisse hinsichtlich der Wählermilieus offenbar auch kannte, und er behielt seine Flugblätter. Er hatte recht. Damals. Bei der Europawahl 1999 ist die Frau ebenso wie bei den letzten bremischen Landtagswahlen zu Hause geblieben. »Ich wußte einfach überhaupt nicht mehr, wen ich wählen sollte«, sagt sie ratlos.

Die Grünen wurden seinerzeit gegründet, weil die damals etablierten westdeutschen Parteien ihre Machtposition für unangreifbar hielten, deshalb neue Herausforderungen wie umweltpolitische Fragen nicht ernst genug nahmen und auf sie nicht mehr flexibel reagierten. Das Gefühl, daß die Parteien ihren Aufgaben nicht gewachsen sind, ist heute vermutlich noch weiter verbreitet als damals. Dennoch gibt es keinerlei Hinweise darauf, daß sich ein weiteres Mal eine neue Partei formieren wird und Unzufriedene an sich binden kann. Zu wenige glauben inzwischen noch daran, daß eine weitere Institution vertrauten Zuschnitts das geeignete Instrument wäre, die demokratische Streitkultur wieder zu beleben.

Wer als Einzelperson politischen Einfluß gewinnen will, der entscheidet sich heute oft nicht mehr für die parteipolitische Ochsentour, sondern verdingt sich als Berater bei

»think tanks«, in Instituten oder auch bei einzelnen Spitzenpolitikern. Das ist individuell gewiß oft die befriedigendere Wahl, aber zugleich nicht darauf ausgerichtet, selbst um Mehrheiten für die eigene Position kämpfen zu müssen. Sind Parteien vielleicht nur noch die Restbestände einer vormaligen Pluralität, die es gar nicht mehr gibt?

Das Ende der bipolaren Welt und die neue Weltwirtschaftsordnung hat in Deutschland die Parteien ihrer weltanschaulichen Grundlagen beraubt, die sie nach innen einigten und mit denen sie sich nach außen von anderen abgrenzen konnten. Die Ansicht ist inzwischen sehr weit verbreitet, daß die alten Kategorien von »rechts« und »links« seit dem Ende des Kampfes der Systeme nicht mehr gegenwartstauglich seien. Ist das wirklich so? Und meinen all diejenigen, die davon überzeugt sind, eigentlich dasselbe? Soll damit lediglich ausgedrückt werden, daß keine nennenswerte politische Kraft in Deutschland heute noch das sowjetische Modell von Staat und Wirtschaft für eine erstrebenswerte Alternative zum Kapitalismus hält? Oder soll es heißen, daß es keine Klassen mehr gibt und die Geschichte der Klassenkämpfe an ihr Ende gekommen ist? Soll der Meinung Ausdruck verliehen werden, es gebe in der Bundesrepublik heute weder strukturelle Interessengegensätze noch strukturelle Unterdrückung? Soll es bedeuten, daß inzwischen andere Herausforderungen als im Industriezeitalter eine Rolle spielen und die politischen Lager sich im Zeichen dessen völlig neu formieren werden? Oder soll damit gesagt werden, es gebe überhaupt keine politischen Lager mehr?

Aus dem Hinweis auf die Fragwürdigkeit der alten Begriffe leitet keine der Volksparteien die Notwendigkeit ab, in einer offenen Grundsatzdiskussion eine neue Standortbestimmung vorzunehmen. Er wird im Gegenteil seit Jahren als Schlupfloch benutzt, um genau diese Diskussion zu vermeiden. Während die Unionsparteien sich allerdings wenigstens noch für die Sieger der Geschichte halten können, droht der SPD ohne die redliche Auseinandersetzung darüber, welche ihrer alten Werte und Ziele auch vor dem Hintergrund der neuen Weltordnung noch Bestand haben, der Abstieg zur Funktionspartei.

Seit dem Revisionismusstreit gegen Ende des 19. Jahrhunderts ist die Geschichte der deutschen Sozialdemokratie eine Geschichte der Definition ihres Verhältnisses zum Kapitalismus. Im Godesberger Programm hat sie ihren Frieden mit dem System gemacht. Das bedeutete damals aber nicht zugleich den Abschied von der Vision eines Sozialismus mit menschlichem Antlitz. Erst der Zusammenbruch des Ostblocks und die mit ihm einhergehenden Gewissensqualen vieler ehemaliger Linker, ob sie den Menschenrechtsverletzungen dort, vor allem in der DDR, genügend Beachtung geschenkt hatten, haben die Ideale von einst endgültig auf dem Abfallhaufen der Geschichte landen lassen. Die SPD strebt heute keine grundlegende Veränderung der Gesellschaft mehr an. Ist sie dann noch die SPD?

Die jungen Wähler »haben von Birkenstock und Müsli und Alt-68ern jetzt allmählich genug«, erklärt Franz Müntefering während eines ausführlichen Pressegesprächs. Den Kampf für Ziele wie Abrüstung und Demokratisierung der Gesellschaft auf eine Schuhmarke und die Vorliebe für bestimmte Nahrungsmittel zu reduzieren, ist nicht nur populistische Demagogie, sondern drückt zugleich Verachtung gegenüber der Geschichte der eigenen Partei aus. Große Teile der SPD haben sich den 68ern seinerzeit verbunden gefühlt – und es ist sehr fraglich, ob Willy Brandt ohne die Themen, die von der Studentenbewegung auf die politische Tagesordnung gesetzt worden waren, jemals Bundeskanzler geworden wäre. Was hat Müntefering den jungen Wählern heute anzubieten? »Zukunft braucht Mut.« So das Motto des Parteitags im Dezember 1999. Das ist nun allerdings nicht wahr. Zukunft kommt ganz von selber. Aber wie sieht sie aus?

Dem ehemaligen CDU-Vorsitzenden Helmut Kohl bescherten der Fall der Mauer und die deutsche Vereinigung einen Zuwachs an Macht, der ihn auf Jahre hinaus unangreifbar machte. Damals haben die Unionsparteien damit aufgehört, gemeinsame Wege in streitbaren Diskussionen zu suchen. Kohl konnte sich gegenüber Journalisten, aber auch in den eigenen Reihen bei unbequemen Fragen mit dem durchsetzen, was Karl Feldmeyer von der *Frankfurter Allgemeinen Zeitung* die »Technik der verweigerten Antwort« nennt. Die Zukunft der sozialen Sicherungssysteme, die Rolle der Nation in einem vereinten Europa, die Definition staatlicher Aufgaben im Zeichen der Globalisierung: kein ungelöstes Problem haben CDU und CSU in den letzten Jahren mit einer grundsätzlichen Bestimmung des Kurses beantwortet. Das hat aus den Unionsparteien ein Zweckbündnis gemacht. In ihrer Mitte entstand ein Vakuum, das stetig wuchs.

Es ist nicht zu erkennen, was den ehemaligen Arbeitsminister Norbert Blüm mit dem CDU-Finanzpolitiker Friedrich Merz politisch in einem Maße verbindet, daß die Entscheidung der beiden, derselben politischen Organisation beizutreten, heute noch schlüssig erscheint. Es gab auch früher innerhalb der Parteien unterschiedliche Strömungen, aber die übergeordneten gemeinsamen Ziele wogen damals schwerer als die Meinungsverschiedenheiten in Details. Das stärkste Bindeglied der Unionsparteien ist im Zuge der historischen Entwicklung zerbrochen, weil es nicht mehr gebraucht wird: der Kampf gegen den Kommunismus. Das Ziel ist erreicht. Deutschland ist eine bürgerliche Gesellschaft geblieben. Und nun?

Der Ausdruck »System Kohl« wird heute vor allem im Zusammenhang mit gesetzwidrigen Finanzpraktiken seiner Partei benutzt. Eigentlich aber bezeichnet es ein Geflecht aus Verpflichtungen und Abhängigkeiten, das sich bei weitem nicht in materiellen Zuwendungen erschöpfte. Kohl und seine Partei entwickelten ein symbiotisches Verhältnis zueinander: Die Macht des einen bedingte die Macht der anderen und umgekehrt. »Das System Kohl als Netzwerkpartei in der Partei ist zweifellos eine extreme Wegentwicklung von unseren Vorstellungen über politische Parteien als Träger der Willensbildung«, schreibt der Soziologe Erwin K. Scheuch in der *taz*. »Voraussetzung dafür ist, daß auch in anderen Parteien und innerhalb der CDU eine Entwicklung stattfand, weg von Programmparteien und hin zu Systemen persönlicher Klientel. Vielleicht wird durch die Einsicht in das System Kohl jetzt klar, warum in unserer Politik inhaltlich so wenig geschieht.«

Die Entwicklung »hin zu Systemen persönlicher Klientel« stellt die Parteien in Wahlkämpfen vor neue Aufgaben. »Jeder muß auf Wählergruppen Rücksicht nehmen, die er nicht verärgern darf.« So faßt der *Spiegel* 1998 die Herausforderung zusammen. Das erweist sich allerdings als nicht so leicht, wie es aussieht. Wenn es keine konkurrierenden Politikmodelle mehr gibt, dann werden jeder einzelne Wähler und jede einzelne Wählerin zu einer komplexen Summe von Zugehörigkeiten zu ganz unterschiedlichen Gruppen. Sie zahlen Steuern oder nicht, fahren Auto oder nicht, haben Arbeit oder nicht, haben Kinder oder nicht, sind Verbrecher oder deren Opfer oder keines von beiden. Wen wählt jemand, der mit einer möglichen Besteuerung von Aktiengewinnen 100 Mark im Jahr einbüßt, durch eine Senkung der Lohnnebenkosten 120 Mark gewinnt, den eine Erhöhung der Benzinpreise 140 Mark kostet, der aber gerade seinen Führerschein verloren hat? Den dynamischeren Kandidaten. Gerhard Schröder hat im Bundestagswahlkampf den »optischen« Unterschied als eines der wesentlichen Merkmale bezeichnet, die ihn von Helmut Kohl unterscheiden.

Mit dem Zeitpunkt des SPD-Parteitags im Dezember 1999 hat Schröder großes Glück gehabt. Noch einen Monat zuvor war er im Umfragetief gewesen. Die Wetten standen schlecht, daß die von ihm geführte Bundesregierung die gesamte Legislaturperiode überleben würde. Die öffentliche

Meinung, die lieber auf Sieger als auf Verlierer setzt, war gegen ihn. Selbst die eigenen Leute hielten die Hand immer lockerer vor den Mund, wenn sie über die sinkenden Erfolgschancen der Koalition plauderten. In einer solchen Situation kann ein Bundeskanzler eigentlich nur noch auf ein Wunder hoffen. Es ereigneten sich gleich zwei.

»Holzmann saniert Schröder« titelte die *taz*, als der Regierungschef mit Bundesbürgschaften im Gepäck in einer spektakulären Rettungsaktion einen Sanierungsplan für den Baukonzern erzwang, dessen Insolvenz vorher nicht mehr abwendbar schien. Die Erleichterung darüber, daß Tausende von Beschäftigten nicht ausgerechnet kurz vor Weihnachten den Gang zum Arbeitsamt antreten mußten, brachte Skeptiker zum Verstummen oder führte doch wenigstens dazu, daß sie kritische Einwände gegen den Noteinsatz allenfalls in leise Fragen kleideten.

Zwar wurde darauf hingewiesen, daß der Konkurs von mittelständischen Unternehmen jedes Jahr ein Vielfaches der Arbeitsplätze kostet, die der Holzmann-Konzern bietet, und daß dennoch weder der Bundeskanzler noch sonst jemand zur Rettung dieser Firmen herbeieilt. Die Frage danach jedoch, ob nicht gerade Betriebe wie Philipp Holzmann mit ruinösen Dumpingangeboten einen großen Beitrag zur Massenpleite leisten, wurde selten gestellt. Das hätte nun allerdings auch einen Einsatz seitens der Regierung und des Gesetzgebers verlangt, der über die gnädige Verabreichung von Brot und die gefällige Darbietung von Spielen weit hinausreicht. Für beides eignete sich die Holzmann-Sanierung in besonderer Weise.

Die Tatsache, daß ein weiteres Mal die Verluste eines Unternehmens – wenn auch nur in beschränktem Umfang – sozialisiert wurden, während die Gewinne von Konzernen regelmäßig in den Händen der Aktionäre verbleiben, spielte in der öffentlichen Diskussion keine Rolle. Auch nicht der Umstand, daß der fühlbarste Beitrag zur Sanierung des Konzerns zunächst den Beschäftigten abverlangt werden sollte, mit Lohnverzicht und Mehrarbeit. Die Folgen drohten weitreichend zu sein: Der Flächentarifvertrag war in Gefahr. Na und? Sollen doch alle dankbar sein, daß sie überhaupt Arbeit haben. Es ist faszinierend, welchen Weg Sozialdemokraten in den letzten Jahren eines Jahrhunderts zurückgelegt haben, das auch im Zeichen des Kampfes für Arbeitnehmerrechte stand. Wie sagte Sigmar Gabriel zum *Spiegel* kurz vor seiner Wahl zum niedersächsischen Ministerpräsidenten im Dezember 1999? »Wir haben ja inzwischen ein eher folkloristisches Verhältnis zur Arbeiterbewegung.« Das ist richtig.

Vor dem Hintergrund, daß Tausende von Arbeitsplätzen wenigstens vorübergehend gerettet schienen, hätte es Häresie bedeutet, nach dem politischen Preis für die Sanierung des gestürzten Bauriesen zu fragen. Die Chance, den Holzmann-Konzern aus seiner bedrängten Lage zu befreien, war deshalb das erste Geschenk einer guten Fee für Gerhard Schröder. Das zweite war schon lange vorher verpackt worden, entfaltete aber seine ganze Größe und Schönheit erst allmählich: der Skandal um die dubiosen Finanzpraktiken der CDU. Die SPD und ihr Parteivorsitzender mußten angesichts der langen Schatten, die das »System Kohl« warf, in strahlendem Licht erscheinen. Da ließ sich eigentlich nichts mehr falsch machen.

Es wurde auch nichts falsch gemacht, und die Freude über den kurzfristigen Vorteil verdeckte – wieder einmal – eine Tatsache, die eigentlich alle Parteien gleichermaßen tief besorgt stimmen müßte: Ein Anlaß wie die Spendenaffäre der CDU wirft ein Schlaglicht auf den Überdruß, der der politischen Klasse insgesamt von der Öffentlichkeit entgegengebracht wird, der aber zu anderen Zeiten unter einem Firnis müder Gleichgültigkeit verborgen bleibt. Umfragen zufolge halten rund die Hälfte aller Bundesbürger politische Entscheidungen für käuflich. Wie ist die Reaktion auf solche Umfragen? Entsetzen im Bundestag? Erregte Diskussionen auf den Gängen des Reichstagsgebäudes? Sieht irgend jemand das System bedroht? Ach was. Die Rivalen der Union verfolgten das sich langsam entfaltende Kriminalstück der CDU genüßlich im Sessel zurückgelehnt. Angesichts der Tatsache, daß nicht alle an dem Ast gesägt haben, auf dem sie gemeinsam sitzen, schien nur wenigen bewußt zu sein, daß man von einem Ast auch herunterfallen kann, weil er morsch geworden ist.

Wahlergebnisse, die sich weitgehend innerhalb des vertrauten Zahlenspektrums bewegen, verdecken das Mißtrauen nur noch unzureichend, das immer größere Teile der Bevölkerung unabhängig von ihrer jeweiligen politischen Präferenz den etablierten Parteien entgegenbringen. Die Zahl derjenigen wächst, die es nicht mehr der Mühe für wert halten, ihren Stimmzettel in die Urne zu werfen. Die lassen sich allerdings weitgehend ignorieren – wer sich lediglich verweigert, bedroht das bestehende Machtgefüge nicht. Aber es ist eine ebenso gefährliche wie irrationale Anmaßung zu glauben, der Ausgang von Wahlen müsse für alle Zukunft ein Nullsummenspiel zwischen demokratischen Parteien bleiben.

Schon in der Vergangenheit haben immer mal wieder Rechtsextremisten bei Landtagswahlen überraschende Erfolge errungen. Unter denjenigen, die sich öffentlich dazu bekannten, diesen ihre Stimme gegeben zu haben, waren jedes Mal viele, die es »denen da oben« einfach mal zeigen wollten. Sie haben gegen die Mächtigen, nicht für einen radikalen Kurs gestimmt. Österreichische Kritiker des Rechtspopulisten Jörg Haider liefern aufschlußreiche Analysen der FPÖ-Erfolge.

Der Verdacht, mit eigenen Ansichten und Forderungen nicht ernst genommen, sondern nur noch als Stimmvieh mißbraucht zu werden, erfaßt in Deutschland inzwischen Wählerinnen und Wähler des gesamten politischen Spektrums. Einem Protest, der sich gegen eine solche Behandlung der Bevölkerung richtet, wohnt durchaus ein demokratisches Element inne – auch wenn er sich in Unterstützung für eine undemokratische Partei äußern sollte. Affären vergrößern die Gefahr, daß ein Gefühl wächst, für das es bereits ein griffiges Modewort gibt: Politikverdrossenheit.

Dabei ist es keineswegs so, wie große Teile einer angewiderten Öffentlichkeit glauben: daß nämlich alle Parteien und Politiker gleich sind und sich entsprechend auch der Dreck auf die verschiedenen Stecken recht gleichmäßig verteilt. Zu dem Zeitpunkt, zu dem ich dieses Buch geschrieben habe, waren viele Einzelheiten über die Finanzaffäre der CDU noch nicht bekannt, der Untersuchungsausschuß hatte seine Arbeit gerade erst aufgenommen. Zahlreiche Fragen bedürfen nach wie vor der Klärung – aber die Öffentlichkeit hat inzwischen das Interesse und wohl auch den Glauben an die Aufklärer verloren. In mancher Hinsicht aber ist der Spendenskandal der CDU ungeachtet aller Details ein weiterer Mosaikstein in einem Bild, das in Umrissen schon mehrmals in der Geschichte der Bundesrepublik zu erkennen war.

Sozialdemokraten sind ebenso häufig wie Repräsentanten anderer Parteien ins Gerede gekommen, weil sie persönlichen Nutzen aus ihrem Amt gezogen hatten. Geld, Sachwerte, Freundschaftsdienste: manche Vertreter der ehemaligen Arbeiterpartei sind für derlei Versuchungen offenbar besonders anfällig. Siehe Köln. Ob das mit der alten Sehnsucht der Schmuddelkinder zusammenhängt, zu den Kreisen Zutritt zu erhalten, die man früher die »gehobenen« nannte? Die Freude, mit der auch der Bestechlichkeit unverdächtige Politiker frisch erworbene Insignien des bürgerlichen Milieus zur Schau stellen, stimmt nachdenklich.

Hinsichtlich von Verfehlungen im Zusammenhang mit Betrug am Staat aber haben sich in der Vergangenheit die Unionsparteien mehr zuschulden kommen lassen als die Sozialdemokratie. Die Industrie fühlte sich mit ihren Interessen von den bürgerlichen Parteien besser vertreten als vom damals linken Spektrum deshalb ließ sie ihnen auch mehr Geld zukommen. Gelegenheit macht Diebe, und manchmal ist Politik so schlicht, wie es einfache klassenkämpferische

Parolen besagen. Das bezieht sich keineswegs ausschließlich auf die Frage, die der Untersuchungsausschuß herauszufinden wünscht: ob sich nämlich einzelne Unternehmen die eine oder andere konkrete Entscheidung mit Hilfe von Spenden erkauft haben. Sie wollten halt auch, daß insgesamt die Richtung stimmt. Sie hat gestimmt.

Dieser Aspekt spielt allerdings bei allen harschen Worten, mit denen Politiker der Regierungsfraktionen die undurchsichtige Finanzpraxis der CDU geißeln, keine Rolle. Zum einen möchten auch sie Spenden ungern missen. Zum anderen hat sich ja gerade Gerhard Schröder in der Vergangenheit mehr als jeder andere um den Eindruck bemüht, zwischen den Unionsparteien und der SPD bestehe kein grundsätzlicher Unterschied, und der alte Interessengegensatz zwischen Arbeitgebern und Arbeitnehmern sei ein Relikt aus längst vergangenen Zeiten. Die Konsensgespräche mit der Energiewirtschaft, das Bündnis für Arbeit und die Rettung des Holzmann-Konzerns fügen sich alle nahtlos in eine Vorstellung von Politik, der zufolge alle an demselben Strang ziehen, der Bessere gewinnt und die Vernunft sich am Ende durchsetzt. Thematisierte Schröder die Tatsache, daß die Wirtschaft ihre Spenden lieber der CDU als der SPD zukommen ließ, und gäbe er auch noch zu, daß dieser Praxis eine immanente Logik innewohnte – er hätte den hohen Einsatz verspielt, mit dem er um die Glaubwürdigkeit des Schlagworts von der Neuen Mitte kämpft. Dabei mag die Angleichung der Parteien aneinander mittelfristig durchaus auch dazu führen, daß die Industrie ihre Präferenzen verändert. Ob man der SPD das wünschen soll?

Auf den ersten Blick sah es so aus, als könnten die Regierungsparteien von dem Skandal nur profitieren. Im Dezember 1999 sacken die Unionsparteien im Politbarometer der Forschungsgruppe Wahlen um 12 Prozent ab, im Januar noch weiter. Niemals zuvor hat eine Partei einen solchen Stimmungseinbruch binnen Monatsfrist hinnehmen müssen.

Die Leistungen der Bundesregierung wurden freundlicher bewertet als zuvor. Andere Werte waren jedoch schon früh mindestens ebenso aufschlußreich wie die aktuelle Kurve der Sympathie und sie trübten das für Schröder so sonnige Bild.

60 Prozent der Befragten waren bereits damals der Auffassung, es mache keinen Unterschied, wenn die Union das Land regierte.

Die Gefahr ist groß, daß der Schaden, den das politische System der Bundesrepublik insgesamt durch die Affäre nimmt, größer sein wird als jeder Nutzen, den einzelne Politiker daraus kurzfristig ziehen mögen.

Die Problematik, die den deutschen Parteien aus ihrer immer stärkeren Angleichung aneinander erwächst, zeigt sich auch an der Art und Weise, wie die politischen Gegner mit dem Finanzskandal der CDU umgehen. Wenn es keine tiefgreifenden programmatischen Unterschiede mehr geben darf, dann müssen selbst derartige Affären ausschließlich auf Personen zugespitzt werden. So wurde denn die Affäre flugs auf das »System Kohl« reduziert, das sein Nachfolger Schäuble »patriarchalisch« nannte. Die Historisierung des Skandals legt nahe, Vergleichbares könne sich in den neuen Zeiten der Berliner Republik nicht mehr wiederholen.

Glaubt irgend jemand wirklich, daß irgend jemand das glaubt?

Die Bedeutung der Diskussion über die Parteienfinanzierung reicht weit über die Frage hinaus, ob der politischen Genehmigung für das eine oder andere Geschäft mit Industriespenden nachgeholfen worden ist. Wer eine Partei unterstützt, möchte ihrer Politik zum Erfolg verhelfen, und Unternehmen können für dieses Ziel mehr Geld locker machen als Einzelpersonen. Die realen Auswirkungen finanzieller Zuwendungen werden sich niemals auch nur annähernd zuverlässig ermessen lassen. Wer kann schon präzise sagen, welchen Anteil flächendeckende Großplakate an einem Wahlergebnis haben? Daß sie nicht folgenlos bleiben, ist allerdings unter Strategen aller Parteien unumstritten. Sonst könnten sie das Geld dafür allesamt sparen. In letzter Konsequenz bedeutet das, daß die Mehrheitsverhältnisse in den Parlamenten auch von Großspendern beeinflußt werden. Widerspricht das nicht dem Geist der repräsentativen Demokratie?

Das Problem beginnt nicht erst dort, wo Spenden verschleiert werden. Wenn Verbände und Unternehmen sich mit finanziellen Zuwendungen an Parteien ganz legal um Einfluß auf die Politik bemühen dürfen, dann haben sie größeren Einfluß als der einzelne Bürger und die einzelne Bürgerin. Altbundeskanzler Helmut Schmidt fordert eine einschneidende Änderung des Parteiengesetzes. Den Parteien müsse untersagt werden, von »juristischen Personen« Geld anzunehmen, allein Zuwendungen von »natürlichen Personen« sollten auch künftig erlaubt sein: »Schließlich haben ja allein natürliche Personen das Wahlrecht.« Schmidt hat seine Forderung kaum erhoben, als ihm schon eilfertig widersprochen wird. Ganz unrealistisch sei diese Vorstellung. Eines der wichtigsten Argumente in diesem Zusammenhang lautet, ein derartiges Verbot werde überhaupt erst dazu führen, daß alle Parteien schwarze Kassen einrichteten und sich Geld auf geheimen Kanälen beschafften.

Der Einwand klingt vertraut. Mit einer ähnlichen Begründung werden seit Jahren bestimmte Formen der Besteuerung abgelehnt – die führten ja doch nur zu illegaler Kapitalflucht. Die beiden Themen stehen sachlich in keinem Zusammenhang miteinander. In beiden Fällen aber legt der Verlauf der politischen Diskussion die Vermutung nahe, die Bevölkerung habe hinsichtlich der Effizienz von Polizei und Gerichtswesen Anlaß zur Besorgnis. Angesichts der Verachtung, mit der deutsche Politiker auf »Bananenrepubliken« der Dritten Welt herabsehen, ist es eindrucksvoll, wie freimütig sie zugleich einräumen, von ihnen selbst erlassene Gesetze nicht durchsetzen zu können. Oder zweifeln die

Akteure die Realisierbarkeit bestimmter Vorschriften auch aus Eigeninteressen heraus an?

Der Hinweis auf ein Urteil des Bundesverfassungsgerichts, das den Anteil öffentlicher Gelder an der Parteienfinanzierung begrenzt, ist ein weiterer Einwand gegen die Forderung nach einem Verbot von Unternehmensspenden. Der SPD-Generalsekretär Franz Müntefering nennt derartige Zuwendungen unverzichtbar, wenn die Parteien »ausreichende« Handlungsmöglichkeiten behalten sollen. Aber wieviel Geld brauchen Parteien tatsächlich? Werden freie Wahlen gefährdet, wenn die großen Organisationen ihre Fernsehspots nicht mehr bei teuren Werbeagenturen in Auftrag geben können, sondern diese, ebenso wie die – chancenlosen – kleinen Grüppchen, selbst produzieren müssen? Oder sie von idealistischen Anhängern (die es doch gewiß auch in der Werbebranche gibt?) kostenlos zur Verfügung gestellt bekommen? Wie viele Fahnen, Plakate, Anstecknadeln, Flugblätter und Musikbegleitung braucht die Demokratie?

Parteifunktionäre dürften die Frage für demagogisch halten. Schließlich werde doch Geld nicht in erster Linie für Werbezwecke benötigt, so argumentieren sie gern, sondern für öffentliche Foren, Fortbildungsmaßnahmen, die Vergabe von Aufträgen für umfassende Studien und vieles mehr. Der politische Diskurs lasse sich nicht kostenlos organisieren. Nein, er läßt sich gewiß nicht kostenlos organisieren – aber eben auch nicht mit Geld allein. Gegenwärtig werden die Parteien aus anderen als finanziellen Gründen ihrer Aufgabe nicht gerecht, den demokratischen Meinungsbildungsprozeß zu kanalisieren und unterschiedlichen Ansichten eine Stimme zu verleihen. Dieses Versagen hat auch strukturelle Ursachen.

Parteien hatten schon immer einen doppelten Charakter: Während sie zum einen als Sammelbecken für verschiedene politische Konzepte dienten, waren sie stets zugleich einfach Organisationen wie andere auch, die sich mit denselben

Zwängen und Gesetzmäßigkeiten auseinanderzusetzen hatten wie politikferne Einrichtungen. Je größer eine Organisation wird, desto stärker ist sie in Gefahr, den Blick ausdauernd auf sich selbst zu richten. Die Verwaltung, die Versorgung der eigenen Mitglieder und die Besitzstandswahrung drohen ein immer größeres Gewicht zu bekommen. Gelegentlich gewinnen diese Aspekte der Arbeit das Übergewicht gegenüber allen anderen. Manche Hilfswerke, die sich zu riesigen Apparaten mit gigantischen Kosten für den Selbsterhalt entwickelt haben, liefern in diesem Zusammenhang anschauliche Beispiele.

Aber der Einfluß humanitärer Organisationen ist begrenzt, und einzelne von ihnen können durchaus von der Bildfläche verschwinden, ohne daß das System als Ganzes bedroht ist. Die etablierten Parteien haben hingegen inzwischen eine so große Macht in so vielen Bereichen, daß keine andere Institution sie noch zu Kompromissen in eigener Sache zwingen kann. Die deutsche Verfassung weist den Parteien lediglich die Aufgabe zu, an der politischen Meinungsbildung mitzuwirken. Das ist eine sehr bescheidene Grundlage für die Fülle der Einwirkungsmöglichkeiten, über die sie inzwischen in fast allen Einrichtungen verfügen.

»Das Grundgesetz hat einen Konstruktionsfehler, den sich die Parteizentralen zunutze gemacht haben«, schreibt Stefanie Christmann in der Wochenzeitung *Freitag*. »Die Furcht des Parlamentarischen Rates vor Plebisziten war größer als der Wunsch nach Gewaltenteilung. Deshalb wird der Kanzler von der Parlamentsmehrheit gewählt. Der größte Teil der Legislative, die eigentlich die Exekutive kontrollieren soll, sitzt bis zu den nächsten Wahlen mit der Regierung in einem Boot. Die Kontrolle wird, höchst unwirksam, der Parlamentsminderheit anheimgestellt.«

Das Ausmaß der Rücksicht, das die Regierung und die sie tragenden Parteien aufeinander nehmen, trägt zum politischen Stillstand bei. Wochenlang bleiben Ende 1999 Bemühungen der *Zeit* um ein Interview mit der damaligen

Drogenbeauftragten der Bundesregierung Christa Nickels über eine mögliche Entschärfung des Drogenrechts erfolglos. Der Zeitung zufolge teilt schließlich ihre Büroleiterin mit, die bündnisgrüne Staatssekretärin wolle sich vor den Landtagswahlen in Nordrhein-Westfalen zu dem Thema nicht äußern. Die Parteipolitik habe Vorrang. Es gab einmal eine Zeit, in der Politikern gerade vor Wahlen daran gelegen war, ihre Position so häufig wie möglich in den Medien darzustellen. Damals hatten sie allerdings auch noch Positionen.

Gegen die Macht der Parteien in Gremien und Institutionen scheint sich kein Damm von außen mehr errichten zu lassen. Unabhängige Kandidaten haben gelegentlich noch auf kommunaler Ebene, aber niemals mehr mit einer Bewerbung für den Deutschen Bundestag Aussicht auf Erfolg. Das Parlament besteht ausschließlich aus Fraktionen verschiedener Parteien. Diese Parteien entscheiden auch über die Zusammensetzung des Bundesverfassungsgerichts. Sie haben den bestimmenden Einfluß bei der Wahl des Bundespräsidenten, bei der Personalpolitik öffentlich-rechtlicher Rundfunkanstalten (oft bis hinunter auf die Ebene der Ressortleiter), bei der Besetzung leitender Positionen an den Universitäten und sogar bei der Frage, wer Chefarzt im nächstgelegenen Krankenhaus wird. In manchen Analysen wird die lange Tradition und das große Ausmaß der Vetternwirtschaft in Afrika insgesamt und insbesondere der Nepotismus im Bereich der öffentlichen Verwaltungen zum Anlaß für die skeptische Frage genommen, ob die Gesellschaften dort schon über die ausreichende politische Reife für die Einführung des Mehrparteiensystems verfügten. Aber gewiß doch.

Die Parteien werden von selbst kaum bereit sein, auch nur ein Quentchen ihrer formalen Macht abzugeben. In der konsequenten Verfolgung eigener Interessen unterscheiden sie sich nicht von anderen Institutionen. Die Tatsache, daß ein großer Teil der Bevölkerung und sogar viele Politiker selbst den Einfluß der Parteien auf die Gesellschaft für bei weitem zu groß halten, reicht allein für Veränderungen noch nicht aus.

Kurze Zeit sah es so aus, als könne sich der Spendenskandal der CDU paradoxerweise für die demokratische Kultur als segensreich erweisen. Wenn die öffentliche Empörung ein Ausmaß erreicht hätte, das aus der Affäre eine Krise des Systems zu machen drohte, dann hätten sich die Parteien vielleicht selbst zu Beschränkungen veranlaßt gesehen, die keine andere deutsche Institution zu erzwingen in der Lage wäre. Die öffentliche Empörung hat dieses Maß nicht erreicht.

Die Hybris mancher Politiker im Blick auf ihre Person und auf die Rolle ihrer Parteien war auch vor dem Spendenskandal gelegentlich beklagt worden, aber erst bei dieser Gelegenheit zeigte sich, welche Ausmaße sie unbemerkt von der Öffentlichkeit annehmen konnte – und angenommen hat. So bedenklich alle bisher bekannten Verstöße gegen das Parteiengesetz auch sind: Die Argumente, mit denen eine Rechtfertigung dieser Verstöße versucht wurde, waren mindestens ebenso bedenklich. Führende Politiker der CDU setzen ihre Partei weitgehend mit dem Staat gleich.

Helmut Kohl betont immer wieder, es sei ihm doch nur darauf angekommen, seiner Partei zu dienen. »Auf die ist er aber nie vereidigt gewesen«, merkt Herbert Riehl-Heyse in der *Süddeutschen Zeitung* an. Als die ersten Einzelheiten des Finanzgebahrens von Helmut Kohl bekannt werden, teilt der Jurist Wolfgang Schäuble beruhigend mit, der Ehrenvorsitzende habe sich nicht persönlich bereichert, sondern der CDU alle Mittel zukommen lassen, die für sie bestimmt gewesen seien. Schäuble schien zu glauben, das mache die Sache besser. Wenn Kohl das Geld doch nur am Roulettetisch verspielt hätte! Nachsicht gegenüber einer schweren Verfehlung des ansonsten verdienten Staatsmannes hätte sich an den Tag legen lassen. Die Krise wäre menschlicher Natur gewesen. Wenn aber Zuwendungen ungeklärter Herkunft und ungewisser Größenordnung an eine Partei von deren Führungskräften für weniger anrüchig gehalten werden als individuelle Gier, dann relativieren sie damit zugleich die universelle Gültigkeit gesetzlicher Normen. Das verleiht dem Skandal eine Dimension, die über rechtswidrigen Umgang mit Spenden weit hinausreicht.

Nun lassen sich erste Reaktionen auf schockierende Enthüllungen bei einiger Gutmütigkeit noch als Ausrutscher verzeihen, die mehr von Entsetzen als von nüchterner Überlegung bestimmt gewesen sein mögen. Aber zahlreiche Äußerungen der CDU-Spitze in den folgenden Wochen erlauben keinen Zweifel mehr daran, daß in dieser Partei inzwischen seltsame Vorstellungen von Recht und Gesetz weit verbreitet sind. Ehrlichkeit dürfe nicht bestraft werden, sagt Generalsekretärin Angela Merkel treuherzig im Fernsehen, nachdem ihr Vorsitzender Schäuble erklärt hat, Bargeld vom Waffenhändler Karlheinz Schreiber entgegengenommen zu haben. Wolfgang Schäuble selbst hatte einige Tage vor seinem Geständnis der *Süddeutschen Zeitung* ein Interview gegeben. »Sie meinen, ein Rechtsverstoß wird geheilt durch Aufklärung?«, wurde er gefragt. Die Antwort: »Was wäre sonst ihr Sinn?« Eine bemerkenswerte Auffassung. Ihr dürften zumindest all jene begeistert zustimmen, die unter dem Verdacht stehen Gesetze übertreten zu haben.

Das politische System der Bundesrepublik bietet, wie sich in jenen Wochen zeigte, erheblich weniger zuverlässigen Schutz vor illegalen Praktiken, die Deutsche bisher hochmütig nur in anderen Ländern vermutet hatten, als zuvor angenommen worden war. Die Formen der Herrschaftssicherung, die der Parteienstaat in seiner heutigen Form ermöglicht und teilweise sogar begünstigt, erschweren Verhaltensweisen nicht, die die repräsentative Demokratie in ihrem Kern bedrohen, sondern sie erleichtern sie.

Gefahren drohen der parlamentarischen Demokratie in Deutschland jedoch nicht nur von innen. Eine große Rolle spielen Faktoren, die von deutschen Politikern nicht, oder jedenfalls nicht allein, zu beeinflussen sind. Vor dem Hintergrund der deutschen Geschichte ist es nachvollziehbar und ehrenwert, daß die Väter und Mütter des Grundgesetzes eine Fülle komplizierter Mechanismen der Kontrolle politischer Macht und auch plebiszitärer Macht in die Verfassung eingebaut haben. Sie konnten weder das Ende der bipolaren Welt und die damit einhergehende Entwicklung der konkurrierenden Parteien vorhersehen, deren Angleichung ihre Existenz zur inhaltsentleerten Form zu machen droht, noch konnten sie ahnen, welche Bedeutung wenige Jahrzehnte später supranationalen Organisationen wie Nato und EU zuwachsen würde.

Die deutsche Verfassung ist vom Geist eines starken Föderalismus geprägt. Wesentliche politische Veränderungen sind bundespolitisch seit jeher nicht gegen die Mehrheit der Länder durchzusetzen. Inzwischen aber lassen sie sich, teils aus der Klugheit politischer Erwägungen heraus, teils aufgrund bindender Verträge, auch nicht mehr gegen den Willen von internationalen Verbündeten durchsetzen. Das hat aus einem einstmals elastischen, wenngleich stützenden Mieder ein starres Korsett gemacht. Es gibt von der Steuerpolitik über die Verteidigungspolitik bis zur Umweltpolitik fast keinen Bereich mehr, in dem der Bund nicht entweder die Zustimmung der übergeordneten oder der untergeordneten politischen Ebene braucht, um eine Entscheidung wirksam werden zu lassen. Gelegentlich braucht er beide. Ist es vor diesem Hintergrund erstaunlich, wenn im Parlament nicht mehr über Grundsatzfragen gestritten, sondern allenfalls über Spiegelstriche gezankt wird? Der Verfall der demokratischen Streitkultur in Deutschland läßt sich nicht losgelöst vom Prozeß der europäischen Integration und der wachsenden Verzahnung deutscher mit internationalen Institutionen betrachten.

Hoch die internationale Solidarität

»In Bonn gab es zehn Themen, bei denen man sich auskennen mußte«, sagt ein Journalist, der im vergangenen Jahr vom deutschen Regierungssitz in die belgische Hauptstadt gezogen ist. »In Brüssel sind es hundert Themen, über die man etwas wissen sollte oder wo man wenigstens jemanden kennen muß, der sich damit auskennt.« Goldene Zeiten für spin-doctors, die allerdings nie sicher sein können, ob, wann und wo ihre Stunde schlägt. Denn der Journalist sagt auch: »Von all diesen Themen bringt man nur zwei oder drei im Sender unter.«

Es gibt nach wie vor eine deutsche, eine britische, eine französische, aber es gibt noch immer keine europäische Öffentlichkeit. Außer in den seltenen Fällen spektakulärer Ereignisse, die entweder Wünsche des Boulevardjournalismus befriedigen oder von großer grenzüberschreitender Bedeutung sind, haben wir in Deutschland keine Ahnung, was für Fragen die Bevölkerung in Portugal oder in Finnland derzeit bewegt, und diese wissen es voneinander ebenso wenig.

»Wir werden den Herausforderungen der Globalisierung nur vernünftig begegnen können, wenn es gelingt, in der postnationalen Konstellation neue Formen einer demokratischen Selbststeuerung der Gesellschaft zu entwickeln«, sagt Jürgen Habermas in seiner Rede im Juni 1998 in Berlin. Eine Voraussetzung dafür, aus der Sicht des Philosophen: »Die vorerst nur durch ihren gemeinsamen Paß gekennzeichneten Europa-Bürger müssen lernen, sich über die nationalen Grenzen hinweg gegenseitig als Angehörige desselben politischen Gemeinwesens anzuerkennen.«

Wie soll sich dieses von Habermas geforderte Gefühl der Solidarität entwickeln? Die Völker Europas sprechen bisher nicht dieselbe Sprache, weder im wörtlichen noch im übertragenen Sinne. Ein kenianischer Freund, der eine unbefristete

Aufenthaltserlaubnis für Deutschland aus dem Jahr 1988 hat, besuchte uns Ende 1999 in Berlin. Da Flüge innerhalb der EU inzwischen wie Inlandsflüge abgefertigt werden, fand die Paß-kontrolle beim Umsteigen in Amsterdam statt. Das übliche Touristenvisum wäre den Grenzbeamten vertraut gewesen; mit dem alten, gleichwohl gültigen Stempel für die Aufent-haltserlaubnis konnten sie nichts anfangen. Es dauerte einige Zeit, bis sich ein niederländischer Beamter fand, der die Bedeutung des Wortes »unbefristet« kannte. »Bedeutet die Europäische Union, daß eure Grenzen von Leuten kontrol-liert werden, die eure Sprache nicht sprechen?«, fragte unser Gast nach seiner Ankunft in Tegel konsterniert.

Derartige Probleme lassen sich immerhin noch vergleichs-weise leicht mit Stempeln in mehreren Sprachen und der Ein-führung einer lingua franca entschärfen. Schwierigkeiten, die sich aus unterschiedlichen Traditionen und gesellschaftlichen Normen ergeben, sind hingegen nicht einfach per Verwal-tungsakt zu beseitigen. In der Geschichte sind tiefgreifende politische Veränderungen von staatlichen Institutionen meist erst dann mühsam und oft widerwillig in Gang gesetzt wor-den, wenn sich öffentliche Forderungen nach Reformen von den ihrer Natur nach schwerfälligen Einrichtungen nicht mehr ignorieren ließen, wollten sie nicht ihren eigenen Fort-bestand gefährden. Der Prozeß der europäischen Integration verläuft genau umgekehrt. Der Weg zur politischen Einheit ist in Europa ziemlich weit vorangeschritten, aber nach wie vor sitzen viele Bürgerinnen und Bürger des Kontinents auf dem Zaun und beobachten die Entwicklung voller Mißtrauen.

Auch deshalb wirkt die Politik in Straßburg und Brüssel bürgerfern, papieren, bürokratisch und schwer durchschau-bar. In seinem Buch »Die Republik dankt ab« schreibt Kon-rad Adam, ein dem Prozeß der europäischen Integration sehr kritisch gegenüberstehender Publizist, über den Vertrag von Maastricht: »Anders als die großen Gründungsdokumente, mit denen eine politische Union bisher noch jedesmal besie-gelt worden ist, löst dieser Text keine Begeisterung aus. Er weckt Gefühle der Nötigung, die durch den halb drohenden, halb lockenden Hinweis auf den verabredeten Zeitplan, der keine Verzögerung und keine Abweichung erlaube, ständig geschürt werden.«

Innerhalb der politischen Klasse in Deutschland sind Bekenntnisse zur Fortentwicklung der europäischen Integration zu einem jener Dogmen geworden, die es zu allen Zeiten und in allen Staaten gegeben hat. Stets waren derlei Glaubenssätze die Voraussetzung aller Dispute, nicht aber selbst deren Gegenstand – bis sie von der historischen Entwicklung widerlegt wurden: Die Erde ist eine Scheibe. Der Kommunismus wird siegen. Dem Herrscher ist seine Macht von Gott gegeben. Und nun eben: Jeder Fortschritt auf dem Weg zur europäischen Einheit ist zu begrüßen. Dabei ist bislang nicht einmal geklärt, wie weit Europa reicht.

Der Teufel steckt im Detail. Ungeachtet aller parteiübergreifenden Bekenntnisse zur europäischen Integration – oder gerade ihretwegen? – zeigt sich stets an den einzelnen Fragen, wie groß die Schwierigkeiten der verschiedenen politischen Lager nach wie vor sind, ihren jeweiligen europapolitischen Kurs im Grundsatz festzulegen. Ganz unterschiedliche Ansichten werden kreuz und quer durch die Parteienlandschaft vertreten.

Als Bundeskanzler Gerhard Schröder zu Anfang seiner Amtszeit noch glaubte, für Sympathiewerbung nach innen gelegentlich auf die Gepflogenheiten der international üblichen diplomatischen Sprache verzichten zu können, da wetterte er auf einer SPD-Veranstaltung dagegen, wieviel deutsches Geld in Brüssel »verbraten« werde. Bisher seien Krisen in Europa immer gelöst worden, indem Deutschland sie bezahlt habe. Einige Wochen später kleidete er diese Meinung bereits in sehr viel höflichere Worte. Der Abschluß der Agenda 2000 zur Reform der Europäischen Union sei das wichtigste Ziel der deutschen EU-Ratspräsidentschaft im ersten Halbjahr 1999, so der Kanzler in seiner Regierungserklärung im Dezember 1998. »Ich sage es ganz deutlich: Ohne eine größere Beitragsgerechtigkeit werden sich die Menschen in unserem Land eher von Europa entfernen als ihm weiter zustimmen.« 1997 habe Deutschland etwa 22 Milliarden Mark netto in die EU eingezahlt. Wenn Länder wie Luxemburg, Dänemark oder Belgien Nettoempfänger seien, die über einen höheren Wohlstand pro Kopf verfügten als Deutschland, »dann ist etwas in Unordnung geraten, was in Ordnung gebracht werden muß«.

Mit dieser Vorlage hatte Schröder es geschafft, die nachfolgenden Redner von gleich drei verschiedenen Parteien in die Zwickmühle zu bringen: Wolfgang Schäuble von der CDU, der diese Argumentation in der Vergangenheit stets abgelehnt hatte, das aber mit Blick auf Edmund Stoiber, den starken Mann der Schwesterpartei CSU, nicht zu deutlich sagen durfte. Der findet nämlich diese Ansicht von Schröder ganz richtig. Auch Außenminister Joschka Fischer von Bündnis 90/Die Grünen hatte sich immer gegen Kritik an den deutschen Nettozahlungen gewandt, sah sich nun aber in der Pflicht zur Koalitionstreue. Gregor Gysi von der PDS war dagegen eigentlich Schröders Meinung, wollte das aber nicht so gern laut verkünden, steht doch seine Partei der Europapolitik der anderen insgesamt kritisch gegenüber.

Die Bundestagsdebatte wurde zu einem überaus amüsant zu beobachtenden Eiertanz, bei dem die Hauptredner große Aufmerksamkeit darauf verwandten, in den eigenen Reihen kein unwilliges Murren laut werden zu lassen. Das ganze Schauspiel blieb ziemlich folgenlos, denn auf die konkreten Ergebnisse der Verhandlungen auf europäischer Ebene hatte diese Parlamentsdebatte ohnehin keinen Einfluß. Ungeachtet aller vorher verkündeten Absichtserklärungen hat Deutschland mit seinen Forderungen im Rahmen der Agenda 2000 wenig erreicht. Diese Tatsache ging nun allerdings in der Diskussion über den Kosovo-Krieg weitgehend unter und spielt in den Medien, die sich zuvor monatelang ausführlich mit dem Thema befaßt hatten, seither nicht mehr die geringste Rolle. Bürgerinnen und Bürger, die zu Beginn des Jahres

1999 versucht haben, sich zu dieser Frage eine eigene Meinung zu bilden, haben Grund, sich veralbert zu fühlen. Vertrauensbildend wirkt ein derartiges Absterben einer Diskussion nicht.

Umfragen zeigen, daß viele Völker des Kontinents dem Prozeß seiner Einigung erheblich skeptischer gegenüberstehen, als es ihre Regierungen wahrhaben wollen. Hätte es in Deutschland eine Volksabstimmung über die Einführung des Euro gegeben: Der Euro wäre nicht beschlossen worden. Nun weisen Gegner eines Volksentscheids gern auf dunkle Kapitel der deutschen Geschichte oder auch auf den über Jahrzehnte hinweg bestehenden Wunsch einer Mehrheit der bundesrepublikanischen Bevölkerung nach Wiedereinführung der Todesstrafe hin. Daraus leiten sie dann die Schlußfolgerung ab, eine verantwortliche Politik dürfe nicht jeder in der Bevölkerung weitverbreiteten Stimmung nachgeben. Statt die Demokratie zu befördern, könne diese im Gegenteil gerade dadurch gefährdet werden.

Eine solche Argumentation vergleicht das Unvergleichbare. Es ist wahr, daß einzelne Beschlüsse auch gegen den Willen einer Mehrheit der Bevölkerung durchgesetzt werden müssen. Das gilt vor allem, wenn es um Fragen des Schutzes von Minderheiten geht (und auch von der Todesstrafe bedrohte Mörder sind eine Minderheit). Ihrer Natur nach werden solche Entscheidungen von Mehrheiten im allgemeinen nicht gerade freudig begrüßt – wäre es anders, dann bedürfte es in vielen Fällen gar keiner Regelungen. Aber läßt sich daraus das Recht ableiten, das gesamte politische, wirtschaftliche und gesellschaftliche Koordinatensystem eines Staates auf Dauer verändern zu dürfen, ohne die Bevölkerung nach ihrer Meinung zu befragen?

Die Demokratie definiert sich auch dadurch, daß ihren gewählten Vertretern das Mandat nur für einen genau festgelegten zeitlichen Rahmen erteilt wird. Widerspricht es nicht dem Geist dieser Demokratie, wenn ein Parlament und eine Regierung einen Teil ihrer Kompetenzen auf Dauer abgeben, ohne daß die Wählerinnen und Wähler dafür jemals ihre Zustimmung erteilt haben? Die Tatsache allein, daß gewählte Abgeordnete über Parteigrenzen hinweg dieser Einschränkung der nationalen Souveränität ihren Segen erteilt haben, ist als Legitimation doch wohl ein wenig dürftig, wenn das Wahlvolk angesichts des in dieser Frage breiten Konsenses seiner Vertreter gar keine Wahl hatte.

Die deutsche Verfassung hat plebiszitären Elementen wenig Raum gegeben, weil nach den bitteren Erfahrungen der Vergangenheit jegliche Gefahren für das demokratische Staatswesen so weit wie irgend möglich ausgeschaltet werden sollten. Um den Fortbestand der Demokratie aber ging es selbst nach Ansicht der glühendsten Anhänger eines vereinten Europa bei der Entscheidung für oder gegen die Einführung einer gemeinsamen europäischen Währung zu einem bestimmten Zeitpunkt gar nicht. Was sprach also dagegen, die Deutschen ebenso wie andere Völker über eine der einschneidensten Veränderungen des Regelwerks, auf dem sich ihr Zusammenleben gründet, abstimmen zu lassen? Ein ganz einfacher Grund: die Angst vor einer Niederlage. Das ist in einer Demokratie das verächtlichste Motiv von allen.

Dabei ist es nicht nur möglich, sondern sogar wahrscheinlich, daß die großen deutschen Parteien einen Stimmungsumschwung in der Bevölkerung zugunsten des Euro hätten herbeiführen können. Immerhin begrüßen sie allesamt einen Fortgang der europäischen Integration und insbesondere die Einführung des Euro. Wenn sie gezwungen gewesen wären, all ihre Kraft darauf zu verwenden, die Bevölkerung von ihrem Standpunkt zu überzeugen – warum hätte ihnen das nicht gelingen sollen? Aber sie waren nicht dazu gezwungen, und sie haben ihre Kraft nicht darauf verwandt. Andere Staaten wie Dänemark konnten den Schritt zur gemeinsamen Währung nicht vollziehen, ohne sich von ihrer Bevölkerung dafür legitimieren zu lassen. Das war gewiß beschwerlich, mag sich aber bei künftigen Problemen noch als nützlich erweisen.

In Deutschland konnten sich Experten auf den bequemen Standpunkt zurückziehen, die Frage sei allzu komplex, um von der breiten Masse verstanden zu werden. Die Geburt des Euro ist, allen in Frankfurt emporgestiegenen Luftballons zum Trotz, mit einem Makel behaftet, dessen ganze Tragweite erst in der Zukunft sichtbar werden dürfte. Die Bevölkerung, die seit Jahrzehnten daran gewöhnt ist, bei wichtigen Fragen mitreden zu können, hat sich nicht entscheiden müssen. Sie konnte und mußte das Geschehen teilnahmslos von außen mitverfolgen. Kein Bundeskanzler wird um sein Amt zu beneiden sein, wenn die neue Währung einmal in noch ernsthaftere Schwierigkeiten gerät, als das bisher der Fall gewesen ist.

Die Euro-Skeptiker in Deutschland konnten sich mit ihrer Position lediglich an den Stammtischen artikulieren, aber sie sahen sich innerhalb des parlamentarischen Systems nicht von einer politischen Kraft repräsentiert, deren Stärke in etwa ihren Anteil an der Bevölkerung widerspiegelte. Diese Tatsache ist nicht dazu angetan, Skepsis gegenüber dem Prozeß der europäischen Einigung abzubauen. Zu befürchten ist im Gegenteil, daß die Distanz einer wachsenden Zahl von Frauen und Männern gegenüber politischen Themen insgesamt größer wird. Noch einmal Konrad Adam: »Der Versuch, einen ganzen Kontinent in den Griff zu bekommen, wird den ohnehin schon großen Abstand zwischen Regierenden und Regierten weiter wachsen lassen: so weit, bis sich die beiden irgendwann vollends aus den Augen verlieren. Auf dem langen Weg von unten nach oben verflüchtigt sich die demokratische Legitimation; es entsteht ein Gebilde, das nur noch äußerlich, in seinen Organen und Institutionen, an demokratische Verfassungsformen erinnert.«

Das vielleicht grundlegendste Problem europäischer Demokratien besteht darin, daß sich formal an ihren Spielregeln wenig ändern muß und sie dennoch ihren Geist verlieren können. Der alte demokratische Grundsatz »ein Mensch, eine Stimme« besagt im Kern, daß jeder abgegebenen

Stimme das gleiche Gewicht zukommt. Dieser Grundsatz läßt sich auf europäischer nicht in gleicher Weise beachten wie auf nationalstaatlicher Ebene. So führt beispielsweise die unterschiedliche Größe der einzelnen Mitgliedsländer der Union zu einer verzerrten Zusammensetzung des Europaparlaments. Luxemburg ist mit sechs Abgeordneten im Europäischen Parlament überrepräsentiert, vergleicht man seine Bevölkerungszahl mit derjenigen von der Bundesrepublik Deutschland, die 99 Abgeordnete stellen darf. Allerdings läßt sich diese Verzerrung nicht vermeiden, sollen nicht die kleineren Staaten mit ihrer geringen Bevölkerungszahl vollständig zur Bedeutungslosigkeit verurteilt werden. Sie haben ohnehin schwer zu kämpfen. Immer wieder wird erörtert, ob die Zahl der EU-Kommissare nicht im Interesse einer größeren Effizienz verringert werden sollte. Das Problem wird sich durch jede Erweiterung der Union noch verschärfen.

Das Europaparlament hat nicht dieselbe Bedeutung wie nationale Abgeordnetenhäuser. Es kann nicht allein bindende Rechtsnormen beschließen, sondern es braucht die Zustimmung des Ministerrats. Die politische Kontrolle ist damit gewährleistet, nicht aber zwangsläufig auch die demokratische Kontrolle. Zwischen beiden besteht ein Unterschied, und es hängt vom inneren Zustand der jeweiligen Mitgliedsländer ab, wie weit sie miteinander in Einklang zu bringen sind. Eine autoritäre Regierung kann ihre Repräsentanten kontrollieren, die Bevölkerung dieses Staates aber nicht die Regierung.

Die Regeln der Europäischen Union gründen auf der Zuversicht, daß alle ihre Mitglieder für alle Zeiten demokratisch bleiben werden. Was für ein Optimismus! Die Beteiligung der FPÖ an der österreichischen Regierung ist ein Hinweis darauf, aus welcher Richtung Gefahren drohen können, und es sind durchaus noch erheblich schlimmere Entwicklungen vorstellbar. Das Vertrauen, der Vertrag von Amsterdam würde schon einen hinreichenden Schutzwall gegen alle denkbaren Bedrohungen der Demokratie bilden, ist treuherzig. Vor dem Hintergrund dieses Vertrauens ist es allerdings nur konsequent, daß der Unterschied zwischen demokratischer und politischer Kontrolle zu den nicht thematisierten Grauzonen im Bereich der Europäischen Integration gehört.

Es gibt viele dieser Grauzonen. Ein Merkmal der Europäischen Union ist bisher der unausrottbar scheinende Glaube, ein Problem werde sich schon allmählich dadurch lösen, daß man nicht öffentlich darüber spricht. Was hat Vorrang: die Erweiterung der Union oder deren Vertiefung? Ist beides gleichzeitig zu haben? Müssen Wesensmerkmale der Demokratie in einem überaus komplizierten Gemeinwesen im Interesse internationaler Handlungs- und Konkurrenzfähigkeit dem Ziel größerer Effizienz geopfert werden? Oder gilt der demokratische Geist als das höchste Gut, dem sich notfalls alle anderen Ziele unterzuordnen haben? Werden Interessen, die weitgehend entlang der Grenzen der bisherigen Nationalstaaten definiert werden können, mittel- und langfristig gegenüber den Interessen des gesamten Kontinents an Gewicht eher zunehmen, oder wird ihre Bedeutung sich verringern? Das sind Fragen, die in den Zirkeln derjenigen, die sich mit europäischer Politik befassen, durchaus diskutiert werden – nicht aber von einer breiten Öffentlichkeit.

Gegen die Einführung von Mehrparteiensystemen in afrikanischen Staaten wird auch mit der Sorge argumentiert, diese Reform führe zur Verschärfung ethnischer Spannungen innerhalb eines Landes. Das, was manche Leute in Deutschland für tief verwurzeltes »Stammesdenken« halten, ist oft die unmittelbare Konsequenz, die sich aus der Struktur des jeweiligen Staatsaufbaus ergibt.

In Kenia gibt es für Abgeordnete nur Direktmandate. Die Wähler eines Parlamentariers erwarten, daß der sich vor allem um die Belange seines Wahlbezirks kümmert. Zu Recht. Tut er es nicht, dann tut es niemand. Ein Bauer vom Volk der Kikuyu verstieße gegen seine Interessen, wenn er den Kandidaten einer Partei wählte, die ihre Hochburg im Land der Luo hat – selbst wenn ihm deren Programm besser gefiele. Mit Stammesdenken hat das zunächst nichts zu tun, sondern lediglich mit einer zutreffenden Analyse der politischen Verhältnisse. In Staaten, in denen die verschiedenen Ethnien unterschiedliche Gegenden bewohnen und Politiker nach allgemein akzeptiertem Verständnis die Aufgabe haben, vor allem die Interessen ihrer jeweiligen Heimatregion zu vertreten, ist kaum zu erwarten, daß die Bevölkerung programmatischen Bekenntnissen größere Bedeutung beimißt als der Abstammung der Kandidaten.

Sind die Parteien innerhalb der Europäischen Union nicht aus ganz ähnlichen Gründen in Gefahr, ihrer traditionellen Rolle nicht mehr gerecht werden zu können, wenn man die Union für den Augenblick wie einen bereits bestehenden Gesamtstaat betrachtet? Parteien im herkömmlichen Sinne haben sich in Europa erst im Zuge der Industrialisierung gebildet, als erstmalig in der Geschichte gemeinsame Interessen von Bevölkerungsgruppen, die innerhalb eines Staates an weit verstreuten Orten lebten, die Bedeutung der jeweiligen regionalen Zugehörigkeit überwogen. Gilt das innerhalb der EU heute noch? Verbindet den spanischen Bauarbeiter mehr mit seinem britischen Kollegen, den französischen Bauern mehr mit einem deutschen als alle zusammen mit mittelständischen Unternehmern ihrer jeweiligen Länder? Das hängt sehr vom Einzelfall ab.

Die Abgeordneten desselben EU-Mitgliedslandes finden sich im Europaparlament oft über Fraktionsgrenzen hinweg zu derselben Position zusammen und streiten im nationalen Interesse gegen die ebenfalls vereinten Parlamentarier eines oder mehrerer anderer Mitgliedsländer. Das mag oft im Interesse der Sache sein, aber es birgt zugleich eine große Gefahr in sich. Es ist nicht auszuschließen, daß der Prozeß der europäischen Integration langfristig den Nationalismus eher befördern als eindämmen wird. Die Gefahr wird umso größer, je weniger über nationale Interessen gesprochen wird. Manche deutschen Politiker tun so, als gebe es diese überhaupt nicht mehr. Das ist eine gefährliche Strategie.

Etwas, das es nicht gibt, kann nicht definiert werden – auch nicht hinsichtlich seiner Grenzen.

Die Öffentlichkeit in Deutschland und in anderen Ländern der Union weiß nicht nur sehr wenig über die Mechanismen, das Regelwerk und die strittigen Fragen auf europäischer Ebene, sondern auch über die dort handelnden Personen. Mit steigender Bedeutung der EU werden deren Kommissare mächtiger und einflußreicher als alle nationalstaatlichen Minister. Aber während die nationale Politik in den letzten Jahren immer stärker personalisiert wurde, können die meisten Bürger und Bürgerinnen Europas die EU-Kommissare nicht einmal mit Namen nennen – ganz zu schweigen von deren Ansichten, deren Machtposition, deren Vorlieben oder deren Biographien.

Wer erst einmal die nationale Ebene verlassen hat, droht im eigenen Land in die Anonymität zurückzusinken. Das gilt nicht nur für die Europäische Union. Rudolf Scharping hat das ehrenvolle Angebot abgelehnt, als Nato-Generalsekretär nach Brüssel zu gehen. »Ich wäre aus der sozialdemokratischen Politik ausgeschieden«, sagt er dazu. Neben anderen Gründen war das für ihn ein Motiv, die Offerte nicht anzunehmen. Man mag das für provinziell halten: Der inneren Logik einer nationalen Karriere in Deutschland widerspricht es nicht. Seit jeher ist Politik stets auch ein dramatisches Schauspiel gewesen und die Anteilnahme des Publikums am Schicksal der Akteure ihr integraler Bestandteil. Auf nationaler Ebene hat dieser Teilaspekt in jüngerer Zeit in der Bundesrepublik allzu großes Gewicht bekommen. Auf internationaler Ebene aber fehlt er bislang völlig.

Die komplizierten, schwer durchschaubaren Mechanismen, die der Politik auf europäischer Ebene und in internationalen Organisationen wie der Nato zugrunde liegen, sorgen dafür, daß die Öffentlichkeit manche der schleichenden Veränderungen des demokratischen Regelwerks auch dann nicht mitbekommt, wenn sie längst vollzogen sind. Gerade bei scheinbar harmlosen Themen ist ihr häufig nicht einmal bewußt, daß die Entscheidung über eine inhaltlich eng abgesteckte Sachfrage demokratische Traditionen in Mitleidenschaft ziehen kann, die jedoch im Zusammenhang mit dem in Rede stehenden Gegenstand gar nicht erst thematisiert werden.

Ein Beispiel: Einer Umfrage des sozialwissenschaftlichen Instituts der Bundeswehr aus dem Jahre 1998 zufolge befürworteten 88 Prozent der Westdeutschen und 86 Prozent der Ostdeutschen eine Zusammenarbeit der deutschen Armee mit französischen Streitkräften – aber nur 49 Prozent gaben an, je vom Eurokorps gehört zu haben. 84 Prozent der Deutschen hielten eine militärische Kooperation mit den Niederländern für eine gute Sache. Aber gerade mal ein Viertel der Befragten wußte, daß es zu diesem Zeitpunkt bereits seit vier Jahren ein deutsch-niederländisches Korps gab.

Sind die Tatsachen als solche schon so wenig bekannt, so liegen die sich daraus ergebenden möglichen Folgen für die Mehrheit der Bürgerinnen und Bürger noch erheblich tiefer im Dunkeln. Das Prinzip der Inneren Führung und das Konzept des »Staatsbürgers in Uniform« sind eine deutsche Besonderheit. Die politische Betätigung von Soldaten ist in anderen Ländern wie beispielsweise Frankreich erheblich stärkeren Beschränkungen unterworfen als in der Bundesrepublik. Welche Auswirkungen haben diese unterschiedlichen Denkschulen auf die militärische Kooperation? In welchem Umfang können die nationalen Regierungen souverän an ihrem jeweiligen Konzept festhalten? Nicht nur in Friedenszeiten, sondern auch im Ernstfall? Es ist noch nicht bedenklich, wenn eine Antwort auf derart komplizierte Fragen den Experten vorbehalten bleibt. Aber es ist besorgniserregend, wenn bei einem so wichtigen Thema wie den Grenzen der Demokratie innerhalb der militärischen Strukturen nicht einmal die Tatsache ins öffentliche Bewußtsein dringt, daß in diesem Zusammenhang überhaupt Fragen offen sind.

Ein weiteres Beispiel. Alle Bestrebungen gehen dahin, auf der Ebene der Nato, aber auch innerhalb Europas erheblich stärker als bisher eine verteidigungspolitische Arbeits- und Aufgabenteilung einzuführen. Angesichts der hohen Kosten von Militärapparaten, der auch politisch immer engeren Verzahnung der Allianz und der seit dem Ende der bipolaren Welt objektiv geringer gewordenen Bedrohung von außen scheint es auf den ersten Blick keine Gründe zu geben, die dagegen sprechen. Warum soll jedes einzelne Partnerland der Nato auch künftig alle Teilstreitkräfte, also Heer, Marine und Luftwaffe, selbständig weiter unterhalten, wenn die Bündnisverpflichtungen ohnehin Beistand bei Angriffen erzwingen? Kleinere Partnerländer verzichten sowieso längst in der Realität auf den Aufbau mancher für eine moderne Armee wesentlichen Bestandteile.

Auf den zweiten Blick ist die praktische Aufgabenteilung allerdings nicht so unproblematisch, wie sie zunächst erscheint. Wenn ein Nato-Staat sich zur Übernahme bestimmter Aufgaben innerhalb der Allianz verpflichtet, und andere Länder diese Funktionen nicht mehr übernehmen können, droht die Entscheidung nationaler Parlamente über die Beteiligung des eigenen Staates an einer internationalen Militäroperation zur Farce zu werden. Unterstellt, es wäre vertraglich festgelegt, daß die Bundesrepublik innerhalb Europas als einzige Nation über Gerät und qualifiziertes Personal zur Minenräumung in größerem Umfang verfügt: Wie könnte der Bundestag dann die Freiheit behalten, gegen die Teilnahme an einer Aktion des Bündnisses zu stimmen, bei der diese Fähigkeit gebraucht wird?

Die Aufgabe der Minenräumung ist nicht zufällig gewählt. Deutschland hat in diesem Bereich schon jetzt einen Vorsprung gegenüber anderen Nato-Staaten. Entgegen einer weit verbreiteten sentimentalen Ansicht können derartige Fähigkeiten übrigens nicht nur für die Befriedung einer Region, sondern auch im Falle eines Angriffskrieges nützlich sein. Mit diesem Hinweis soll der Bundesrepublik ausdrücklich nicht unterstellt werden, sie sei in Versuchung, einen solchen zu planen. Er dient lediglich der Illustration dessen, wie problematisch und komplex Beschlußfassungen auf internationaler Ebene sind – und wie unterentwickelt das öffentliche Bewußtsein hinsichtlich der Frage ist, aus welcher Richtung der Demokratie Gefahren drohen.

Die Unübersichtlichkeit der Verflechtungen von Politik auf europäischer und auf internationaler Ebene liefert den Akteuren ein praktisches Argument gegen unbequeme Einwände. Ein anderer als der von der jeweiligen deutschen Bundesregierung gerade verfolgte Kurs sei »mit Brüssel nicht zu machen« oder »ohne Washington nicht durchzusetzen«. Im Einzelfall mag das stimmen oder auch nicht. Wer aber ohnehin das Gefühl hat, ein Weg durch den verwirrenden Irrgarten der Politik sei immer schwerer zu finden, den lassen derartige raunende Hinweise unabhängig von ihrem Wahrheitsgehalt häufig eingeschüchtert verstummen. Das gilt nicht nur für Teile der Öffentlichkeit und der Medien, sondern auch für Abgeordnete der jeweiligen Regierungsfraktionen. Es steht zu befürchten, daß es gelegentlich sogar auf Minister und selbst auf den Bundeskanzler zutrifft. Welchen Anteil hatte Unsicherheit an der Entscheidung der neugewählten rot-grünen Bundesregierung, die Bundeswehr an den Nato-Angriffen auf Jugoslawien zu beteiligen?

Politik, auch die demokratische, kommt nicht ohne den Appell an Gefühle aus, denn jede Politik, auch die autoritäre, braucht öffentliche Unterstützung, und die Mehrheitsmeinung folgt nicht immer rationalen Argumenten. Eine Diktatur der Fachleute, die Demut gegenüber vermeintlichen oder realen Sachzwängen zum letzten Ideal erklärt, hat es schwer, Gefolgsleute hinter sich zu scharen. Dafür bedarf es größerer Worte – möglichst so großer Worte, daß deren Wucht allein genügt, um Zweifler zum Schweigen zu bringen.

Die Beispiele für den Einsatz derlei großer Worte häufen sich, und sie dienen immer öfter dazu, reale politische Konflikte zu verbergen. Wer wollte wagen zu behaupten, der Kampf für die Einhaltung der Menschenrechte rechtfertige nicht den Einsatz aller Mittel? Ein Zyniker, wer da noch auf dem Buchstaben des Völkerrechts beharrt. Wer hielte nicht die Freiheit des Menschen für eines der kostbarsten Güter? Kleinlich, im Zusammenhang mit einem so edlen Ziel danach zu fragen, wer wovon frei ist und wofür. Laßt den Menschen das Recht auf ihre Unterschiede! Selbst im Blick auf Bildungschancen, die wieder, wie einst, in steigendem Maße vom Geldbeutel der Eltern abhängen. Schluß mit der Gleichmacherei! Auch hinsichtlich der medizinischen Versorgung. Wenn Armut erst lebensgefährlich ist, werden sich alle umso mehr um Wohlstand bemühen. Oder? Schließlich sind Selbstbestimmung und Eigenverantwortung doch die wahrhaft liberalen Werte. Gab es da früher nicht noch andere? Na, egal.

Im offiziellen politischen Sprachgebrauch gilt der Kampf für die Interessen präzise definierter Gruppen zunehmend als anrüchig. Immer häufiger geht es ums große Ganze. Die parteiübergreifende Berufung auf höhere Werte eignet sich gut, um die Tatsache zu verschleiern, daß es eine andere als eine interessengeleitete Politik nicht gibt. Wer verfolgt welche Interessen mit welchen Mitteln und ist deren Verfolgung angesichts der Interessen anderer legitim? In dieser uralten Frage liegt der Kern jeder demokratischen Auseinandersetzung. Aber sie wird nur noch selten gestellt. Bestimmte politische Anliegen der 70er und 80er Jahre werden ebenso wie die damals üblichen Formen des außerparlamentarischen Engagements mit Begriffen wie »Gutmenschentum« ohne weitere inhaltliche Auseinandersetzung spöttisch diskreditiert. Zugleich aber nehmen Politiker lautstark eine höhere Moral für sich in Anspruch, um ihren jeweiligen Standpunkt zu unterfüttern.

Will man den öffentlichen Äußerungen von Mitgliedern der deutschen Bundesregierung glauben, dann hat die Nato Jugoslawien im Kosovo-Krieg nicht aufgrund eigener Interessen der an der Militäroperation beteiligten Mächte bombardiert. Statt dessen wurde so getan, als sei es ausschließlich um den wehrhaften Kampf für die Menschenrechte gegangen. Die Tatsache, daß dieses Anliegen in anderen Gegenden der Erde nicht ganz so konsequent verfolgt wird, wurde als zwar ungemein bedauerlich, aber auch als unabänderlich dargestellt. Ob man denn die Kosovo-Albaner hilflos dem Elend preisgeben wolle, nur weil man nicht der ganzen Weltbevölkerung helfen könne? Eine falsch gestellte Frage. Aber keine andere hat bei jenen, die den Nato-Angriffen auf Jugoslawien skeptisch gegenüberstanden, eine vergleichbar große Wirkung gezeigt.

Der Kosovo-Krieg

Bisher habe ich mich in diesem Buch vor allem um die Auseinandersetzung mit strukturellen Gegebenheiten bemüht, die aus meiner Sicht das Meinungsklima in der Bundesrepublik prägen. Den Kosovo-Krieg möchte ich nun herausgreifen, um am Beispiel einer einzelnen Frage zu zeigen, welch hohen Einfluß dieses Meinungsklima auf die konkrete Gestaltung von Politik hat – oder besser: auf den Verzicht, Politik zu gestalten.

Das Beispiel ist nicht zufällig gewählt. Zum einen sehe ich in der deutschen Beteiligung an der Militäroperation die einschneidenste politische Zäsur seit der Vereinigung. Zum anderen und vor allem aber glaube ich, daß sich die Gesetzmäßigkeiten, denen die öffentliche Auseinandersetzung in der Bundesrepublik derzeit folgt, vollständig nur bei einem Thema erkennen lassen, mit dem man sich besonders gründlich befaßt hat. Vielleicht sogar aus einem Blickwinkel heraus, der im eigenen Land wenig oder gar keine Beachtung findet.

Wer zu Beginn der 90er Jahre über die Entwicklungen in Ost- und Zentralafrika berichtete, hat – freiwillig oder gegen den eigenen Willen – überwiegend aus Kriegsgebieten berichtet: Somalia, Ruanda, Burundi, Sudan, Zaire. Dabei zogen sich die Fragen nach den Grenzen und Möglichkeiten ausländischer Militärinterventionen und nach der Bedeutung der Vereinten Nationen wie ein roter Faden durch die Arbeit der ausländischen Korrespondenten.

Die öffentliche Diskussion in Deutschland über den Golfkrieg und über die Entwicklung in Bosnien-Herzegowina hatte ich vom Ausland aus nur sehr am Rande verfolgt. So fiel mir erst bei der Debatte über den Kosovo-Krieg in vollem Umfang auf, in welch hohem Maße sich Ansichten und Einschätzungen hierzulande von denen unterscheiden,

die viele Beobachter in anderen Teilen der Welt gewonnen
haben.

Die Nato-Angriffe auf Jugoslawien habe ich von Anfang
an für einen schweren Fehler gehalten. Der Verzicht auf die
bis dahin üblichen Gepflogenheiten des Völkerrechts (um es
zurückhaltend zu formulieren), das bestenfalls vage defi-
nierte Ziel der Operation und die Tatsache, daß Krieg auch
von Industrienationen in steigendem Maße wieder für ein
akzeptables Mittel zur Durchsetzung politischer Ziele gehalten wird: All das sind Umstände, die meiner Ansicht nach
große, langfristige Gefahren in sich bergen.

Möglicherweise irre ich mich. Ausführliche Gespräche mit
Befürwortern der Intervention haben mich zwar nicht von
der Richtigkeit ihrer Ansicht überzeugt, aber doch davon,
daß es für diese Ansicht vernünftige Argumente gibt. Die
Gespräche waren privater Natur. Öffentliche Äußerungen
führender westdeutscher Politiker haben zu meiner Meinungsbildung hingegen wenig beigetragen. In diesen wurde
die deutsche Beteiligung an der Nato-Operation schlicht als
unausweichlich dargestellt; im übrigen verwiesen die Verantwortlichen auf den hohen Stellenwert der Menschenrechte.
Andere im Zusammenhang mit der Nato-Operation wesentliche Aspekte wurden nicht etwa von allen Seiten erörtert,
bevor dann eine Mehrheit entschied, wie sie zu beurteilen
seien. Sie spielten in der öffentlichen Diskussion einfach
keine Rolle. Das gilt vor allem für Fragen im Zusammenhang mit der UNO.

Für jemanden wie mich, in deren Berichtsgebiet über
Jahre hinweg die Einflußmöglichkeiten der Vereinten Nationen über die Zukunft der gesamten Region zu entscheiden
schienen, war das zunächst verblüffend und dann deprimierend. In meinen Augen hat Westeuropa niemals deutlicher
als im Kosovo-Krieg gezeigt, daß es vor allem und möglicherweise ausschließlich an sich selbst und an einer neuen
Definition des seit dem Ende der bipolaren Welt ungeklär-
ten Verhältnisses zu den USA interessiert ist. Vielleicht ist

das sogar eine legitime Haltung. Aber lohnte diese Haltung angesichts all der großen Worte über die angebliche Universalität der Menschenrechte nicht wenigstens eine redliche Debatte?

Die Teilnahme der Bundeswehr an der Nato-Militäroperation steht für den größten Wertewandel in der Geschichte der Bundesrepublik – aber kaum ein anderes Thema zeigt zugleich den Verfall der demokratischen Streitkultur in Deutschland auf vergleichbar bedrückende Weise. Seit Beginn der Luftangriffe auf Jugoslawien hatte sich in Umfragen stets rund ein Drittel der Bevölkerung gegen die deutsche Beteiligung daran ausgesprochen. Die Tendenz war leicht steigend, je länger der Krieg dauerte. Die Abgeordneten des Bundestages gehören in ihrer großen Mehrheit Parteien an, deren Programme eine deutsche Teilnahme an einer Militärintervention unter den im Kosovo-Krieg gegebenen Voraussetzungen ausdrücklich ausschließen. Dennoch sind die führenden deutschen Politiker allesamt einer grundsätzlichen Debatte über das Thema ausgewichen. Sie haben schlicht erklärt, der Kampf gegen Menschenrechtsverletzungen lasse keine andere Wahl.

Der US-Kongreß hat über die geplante Militäroperation im Vorfeld heftig diskutiert, naturgemäß unter anderen Vorzeichen und mit anderen Schwerpunkten als das deutsche Parlament dies getan hätte – hätte es das denn getan. Aber in der Bundesrepublik haben bis auf die Abgeordneten der PDS und ganz wenige Abweichler in den Reihen der Regierungsfraktionen die Parlamentarier nicht gewagt, auch nur kritische Fragen zu einem Vorgang zu stellen, der noch wenige Monate zuvor parteiübergreifend für unvorstellbar – und für einen politischen Fehler – gehalten worden war.

Der Deutsche Bundestag wollte seine erste Sitzung nach Beginn der Luftangriffe auf Jugoslawien mit einer Debatte über den Strafrahmen für Graffiti eröffnen. Eine Aussprache über die dramatische Zuspitzung des Kosovo-Konflikts stand nicht auf der Tagesordnung. Christian Ströbele von

Bündnis 90/Die Grünen, der gegen den Widerstand von Teilen seiner eigenen Fraktion ans Rednerpult trat, verhinderte mit einer ungewöhnlich leidenschaftlichen Intervention wenigstens, daß das Parlament das Thema Krieg offiziell überhaupt nicht zur Kenntnis nahm. Seinem Protest folgend, ließ der Bundestagspräsident dann doch eine kurze Aussprache über die Luftangriffe zu.

Ströbele war einer der letzten in seiner Fraktion, der gegen den Nato-Einsatz stritt. Nein, er fühle sich dennoch nicht besonders einsam, sagte er damals: »Ich weiß, daß es eine Reihe von Leuten in der Fraktion gibt, die ähnlich denken wie ich.« Die Reihe derjenigen, die das auch öffentlich zuzugeben bereit waren, wurde allerdings immer kürzer. Als der Bundestag im Herbst 1998 eine deutsche Beteiligung an Nato-Luftschlägen gegen Jugoslawien billigte, hatte Ströbeles Fraktionskollege Ludger Volmer daran in einer Rede noch deutliche Kritik geübt. In der Zwischenzeit war er Staatsminister im Auswärtigen Amt geworden und sah nun, knapp ein halbes Jahr später, zu der Militäroperation keine Alternative mehr: »Das ist kein Positionswechsel. Das ist ein Funktionswechsel.« In der Opposition reiche es, so Volmer, wenn man klar und deutlich seine Meinung sage. »Auf der Regierungsebene stellt sich die Frage, wie man seine Grundwerte in äußerst komplizierte internationale Aushandlungsprozesse einspeist.« Welche Grundwerte? Die Frage ist nicht polemisch gemeint. Welche Grundwerte haben einen höheren Stellenwert als die Entscheidung für oder gegen einen Krieg?

Was wäre geschehen, wenn die Bundesrepublik keine Soldaten in den Kosovo-Krieg geschickt hätte? Wäre der politische Flurschaden tatsächlich so groß gewesen, wie von der rot-grünen Bundesregierung behauptet worden ist? Vieles spricht dafür, daß die Angriffe auf Jugoslawien ohne deutsche Beteiligung nicht stattgefunden hätten. Sind wirklich alle diejenigen, die seinerzeit im Bundestag den Weg für die Militäroperation freigemacht hatten, auch heute noch davon überzeugt, den Menschenrechten damit auf die bestmögliche Weise gedient zu haben?

Gern ist Deutschland in diesen Krieg nicht gezogen. Hätte Helmut Kohl das Vertrauen, das er sich durch langjährige Arbeit auf dem internationalen Parkett erworben hatte, als Faustpfand einsetzen können, um sich der Teilnahme an dem Luftkrieg zu entziehen? Wäre es ihm gelungen, Rußland eine Zustimmung zu der Operation im Weltsicherheitsrat abzuringen? Welche Rolle hat die Tatsache gespielt, daß Bundeskanzler Gerhard Schröder und Außenminister Joschka Fischer gerade erst angefangen hatten, sich an ihre neuen Ämter zu gewöhnen?

Endgültig wird sich das nicht mehr klären lassen, aber über diese Fragen ließe sich doch trefflich streiten. Es wird allerdings nicht darüber gestritten. Der Kosovo-Krieg spielt in der öffentlichen politischen Auseinandersetzung so gut wie keine Rolle mehr. Er ist als Ereignis abgehakt. Mit der Frage, ob die Entscheidung für den Kriegseintritt richtig oder falsch war, werden sich Historiker befassen. Sollte der Versuch scheitern, Kosovo mit ausländischer Hilfe langfristig zu befrieden, dann dürfte das allenfalls eine Diskussion über das Für und Wider internationaler Protektorate in Gang setzen. Die Militäroperation als solche wird rückwirkend nicht mehr in Frage gestellt werden. Andere Themen haben längst den Kosovo-Krieg aus den Kommentarspalten verdrängt.

Hängt diese Tatsache auch damit zusammen, daß die deutsche Bevölkerung nicht wirklich unter dem Eindruck gestanden hat, ihr Land befände sich im Krieg? Gewiß gab es die öffentliche Sorge um die Sicherheit der an den Angriffen beteiligten Bundeswehrsoldaten, aber deren Zahl war gering, gemessen an der Zahl deutscher Familien. Darüber hinaus wurde im Laufe der Wochen auch erkennbar, daß das Risiko für die Besatzungen der deutschen Tornados kalkulierbar klein war. Wer während des Kalten Krieges groß geworden ist, der ist in dem Bewußtsein aufgewachsen, daß ein Krieg mit deutscher Beteiligung nur die Apokalypse bedeuten konnte: An der Nahtstelle zwischen Ost und West, unmittelbar betroffen vom atomaren Rüstungswettlauf der Weltmächte, würde das Schlachtfeld nicht so beschaffen sein, daß sich irgend jemand davor in Sicherheit bringen könnte. Und jetzt sollte der Krieg so aussehen: weit weg, gerecht, unausweichlich und für uns alle folgenlos? Für die jugoslawische Bevölkerung, zu der offiziell bis heute auch die Kosovo-Albaner gehören, war der Krieg sehr real. Für die Bevölkerung der Bundesrepublik nicht. Ein Kommentator, der heute schriebe, Deutschland lebe seit mehr als fünfzig Jahren im Frieden, hätte keinen Widerspruch zu gewärtigen.

Auch für die verantwortlichen Politiker war der Krieg weit weg. Außenminister Joschka Fischer und Verteidigungsminister Rudolf Scharping haben sich mit kontinuierlichen Informationen über ihren eigenen Gefühlshaushalt, die häufig die Grenze zur Peinlichkeit deutlich überschritten, darum bemüht, die Tatsache zu verschleiern, daß die Wirklichkeit eines Krieges völlig außerhalb ihrer Vorstellungskraft liegt. Gelegentlich wurde das allerdings gerade dann deutlich, wenn sie ihrer Erschütterung über bestimmte Ereignisse mit besonders markigen Worten Ausdruck verleihen wollten.

Als »Kriegstagebuch« hat die *Welt* Auszüge aus dem Buch »Wir dürfen nicht wegsehen« veröffentlicht, das Rudolf Scharping über die ersten Monate seiner Amtszeit geschrieben hat. Textprobe: »Auf dem Flug zum Nato-Gipfel in Washington hatten mir Mitarbeiter die Bilder von getöteten Kosovo-Albanern gezeigt, die deutsche OSZE-Beobachter im Januar gemacht hatten. Beim Anschauen der Fotos: Übelkeit. Ist Entsetzen steigerbar?« Ganz gewiß. Das Betrachten von Bildern ist nicht die höchste Form des Schreckens.

Es ist nicht bedauerlich, sondern ein Segen für uns alle, daß die Mehrheit der deutschen Politiker und Kommentatoren den Krieg nicht aus eigener Anschauung kennt. Möge es so bleiben. Aber es ist furchterregend, daß sie selbst ihre Ahnungslosigkeit niemals als Defizit im Blick auf die von ihnen zu treffenden Entscheidungen empfunden zu haben scheinen. Zahlreiche ältere und alte Menschen haben gegen die Militäroperation ihre Stimme erhoben, unter ihnen der frühere Bundeskanzler Helmut Schmidt, *Spiegel*-Herausgeber Rudolf Augstein und der ehemalige stellvertretende Nato-Oberbefehlshaber Gerd Schmückle. »Na ja, das ist eben die Jalta-Generation«, sagt dazu wegwerfend ein prominenter deutscher Leitartikler, 39 Jahre alt, am Rande des SPD-Parteitags Mitte April 1999. Kriegsgegner aus Erfahrung: Ewiggestrige?

Im Umgang mit Gegnern der Luftschläge wechselten schnoddrige Arroganz und scheinheilige Betulichkeit miteinander ab – wenn den Skeptikern nicht gleich unterstellt wurde, die Menschenrechtsverletzungen des jugoslawischen Regimes im Kosovo zu billigen. Pazifismus war die einzige Geisteshaltung, die Protagonisten der Militäroperation als Argument gegen die Angriffe gelten ließen. Zahlreiche Kriegsgegner wurden gegen deren eigenen, folgenlosen Protest zu Pazifisten erklärt. Ein überaus wirksamer Trick. Alle Einwände, die gegen die Militäroperation vorgebracht wurden, ließen sich so zugleich respektieren und in eine realitätsferne Ecke stellen. Opposition gegen den nicht erklärten Angriffskrieg rückte in die Nähe der Zugehörigkeit zu einer religiösen Sekte, deren seltsame Überzeugungen dem Toleranzgebot zufolge Anspruch auf Achtung haben, die aber tatkräftige Pragmatiker nicht vom Weg der Vernunft abzubringen vermögen.

Dabei gibt es viele gute Gründe, die Nato-Operation gegen Jugoslawien auch dann für einen schweren Fehler zu halten, wenn man für den Kampf der Alliierten gegen das nationalsozialistische Regime dankbar ist und den Einmarsch der tansanischen Armee in Uganda für richtig hält, die den Diktator Idi Amin nach Jahren der Schreckensherrschaft ins Exil getrieben hat. Ein wesentliches Merkmal jedes Krieges – auch eines siegreich beendeten Krieges – besteht darin, daß er sowohl im Kampfgebiet selbst als auch in angrenzenden Regionen und in zwischenstaatlichen Beziehungen Kettenreaktionen auslöst und eine Eigendynamik entwickelt, deren Folgen die konkreten Kampfhandlungen lange überdauern und die von noch so vorausschauender Planung nicht zuverlässig einzuschätzen sind. Ungeachtet aller anderen Fragen, die im Zusammenhang mit einem Kriegseintritt zu berücksichtigen sind, gilt es in jedem Einzelfall zu entscheiden, ob diese Begleiterscheinungen der militärischen Auseinandersetzungen ein möglicherweise zu hoher oder ein akzeptabler Preis für das angestrebte politische Ziel sind.

In letzter Konsequenz ist das selbst für die jeweils unmittelbar betroffenen Völker nur schwer zu entscheiden. In Somalia gab es kurz vor dem Sturz des Diktators Siad Barre 1991 so gut wie niemanden außerhalb seines eigenen, unmittelbaren Umfelds, der den bewaffneten Kampf gegen das Regime mißbilligte. Siad Barre hatte das Land ausgeplündert und hielt sich seit Jahren nur mit brutalen Zwangsmitteln an der Macht. Um Widerstand zu brechen, führte er Krieg gegen sein eigenes Volk. Da es ihm nicht gelang, eine Rebellenbewegung im Norden des Landes mit militärischen Mitteln zu besiegen, bestrafte er die Zivilbevölkerung.

Hargeisa, die größte nordsomalische Stadt, ist 1988 von der somalischen Luftwaffe zu 80 Prozent zerstört worden. Frauen und Kinder, die zu Fuß nach Äthiopien zu flüchten versuchten, wurden von Tieffliegern beschossen. Unterdessen legte die Armee unter dem Oberbefehl von Siad Barres Schwiegersohn Mohamed Said Hersi, besser bekannt als General Morgan, Hunderttausende von Minen in der Stadt aus. Vorzugsweise unter Tür- und Fensterstöcken der Häuser. Die Minen explodierten, wenn heimkehrende Flüchtlinge nachschauen wollten, ob ihnen noch etwas geblieben war. Es gab gute Gründe, gegen Siad Barre zu kämpfen.

Nach dem Sturz des Diktators war der Jubel groß, ungeachtet aller – berechtigten – Befürchtungen hinsichtlich der Zukunft. Aber selbst die schlimmsten Sorgen wurden noch bei weitem übertroffen. Somalia hungerte. Bis heute ist das

Land in Einflußzonen verfeindeter Milizen aufgesplittert. Hunderttausende von Zivilisten wurden aus ihren Heimatgebieten vertrieben. Als staatliche Einheit ist Somalia von der Weltkarte verschwunden. Viele Einwohner haben jede Hoffnung verloren: »Ich glaube nicht mehr an Frieden noch zu meinen Lebzeiten«, sagte schon vor sechs Jahren der damals 50jährige Rechtsanwalt Hassan Omar D'Heghey in Mogadischu. Das Grauen der letzten Jahre hat inzwischen das düstere Bild von Siad Barre ein wenig aufpoliert. So schlecht sei das Leben unter dem Alten doch gar nicht gewesen, hörte ich 1996 bei meinem bislang letzten Besuch in Somalia mehrfach.

Diese Schilderung soll keine Position im somalischen Streit der Meinungen beziehen, ob es richtig oder falsch gewesen ist, den bewaffneten Kampf gegen den Diktator aufzunehmen. Ein Urteil darüber steht mir ohnehin nicht zu. Ich habe unter der Herrschaft von Siad Barre nicht leben müssen. Wohl aber illustriert die Entwicklung, daß der Ausgang kriegerischer Auseinandersetzungen nicht einmal dann feststeht, wenn eine große Mehrheit der Bevölkerung sich in einem gemeinsamen Ziel einig weiß und dieses Ziel erreicht hat.

An den Äußerungen führender deutscher Politiker in den Wochen der Bombenangriffe auf Jugoslawien hat mich besonders irritiert, daß sie im Zusammenhang mit diesem Konflikt gar nichts für unkalkulierbar zu halten schienen. Standen die Akteure der Realität des Krieges wirklich so fern, daß sie ihn hinsichtlich seiner Folgen für vollständig berechenbar hielten? Oder zogen sie es vor, der Bevölkerung die Wahrheit zu verschweigen? Der Rückzug des jugoslawischen Militärs aus dem Kosovo und der Einmarsch der internationalen Truppen ist von der westlichen Allianz als Sieg gefeiert worden. Es war keiner.

Die Nato hat ihre Ziele verfehlt. Solange sie Angriffe flog, war der albanische Teil der Bevölkerung im Kosovo in erheblich größerem Umfang schweren Menschenrechtsverletzungen ausgesetzt als vorher. Seit die internationalen Truppen das Gebiet besetzt haben, sind sie nicht in der Lage, den serbischen Teil der Bevölkerung vor Racheakten zu schützen. Die ethnische Teilung der Region, die doch gerade verhindert werden sollte, ist weitgehend Realität. Die territoriale Integrität Restjugoslawiens besteht auf dem Papier nach wie vor, ist aber politisch weder durchsetzbar noch auch gewünscht. Welcher staatliche Rahmen dem Kosovo einmal gegeben werden wird, zeichnet sich nicht einmal in Umrissen ab. Die serbische Infrastruktur wurde zerstört. Immerhin: Der jugoslawische Präsident Slobodan Milosevic ist aus dem Amt gejagt worden und muß sich jetzt vor dem internationalen Kriegsverbrechertribunal verantworten. Aber ist das wirklich ein Ergebnis des Kosovo-Krieges? Darüber gehen die Meinungen bis heute auseinander, nicht nur auf dem Balkan.

Und: Bekommt er wirklich einen fairen Prozeß – oder handelt es sich um ein Verfahren, dessen Ausgang von vornherein feststeht? Das wäre fatal. Vermutlich nicht einmal so sehr für ihn wie für den Rest der Welt.

Wie können Politiker ernsthaft glauben, Entwicklungen in einer hochexplosiven Lage seien verläßlich berechenbar? Wie demokratisch ist Serbien heute? Wird bereits eine Gegnerschaft zu Milosevic für einen hinreichenden Nachweis demokratischer Gesinnung gehalten? Was veranlaßte westliche Staatsmänner zu der Annahme, demokratische Kräfte ließen sich ausgerechnet durch die Anwendung von Gewalt stärken? Alle Erfahrung spricht dagegen. Der somalische Kriegsherr Farrah Aideed hatte fast jeden Rückhalt in der Bevölkerung verloren, als UN-Soldaten versuchten, seiner mit Waffengewalt habhaft zu werden. Da fühlte sich dann sein Clan in die Solidarität mit ihm gezwungen. Die Vereinten Nationen haben den Milizenchef an die Macht zurückgebombt.

Luftschläge haben zahlreiche Opfer in der jugoslawischen Zivilbevölkerung gefordert, die in der Sprache des Militärs als »Kollateralschäden« bezeichnet werden. Da der Krieg aber doch kein Krieg, sondern eine rein humanitäre Aktion gewesen sein sollte, war jeder und jede einzelne dieser Toten ein Bruch mit dem alten humanistischen Prinzip, zwischen Opfern nicht zu unterscheiden. Ende April 1999 ist das Funkhaus des jugoslawischen Fernsehens bombardiert worden. Die westliche Allianz, die bis dahin stets erklärt hatte, ein bedauerliches Versehen habe den Tod von Zivilisten herbeigeführt, konnte bei dieser Gelegenheit keinen Irrtum geltend machen. Es war bekannt, daß sich in dem Gebäude zum Zeitpunkt des Angriffs Menschen aufhielten.

Aber waren denn die Opfer nicht Helfershelfer des verbrecherischen Regimes von Präsident Milosevic? Ist uns nicht allen seit langem bekannt, welch fürchterliche Wirkung Propaganda entfalten kann, wenn es gilt, eine Pogromstimmung zu schüren? Doch. Aber gerade wer für sich in Anspruch nimmt, im Namen der Menschenrechte zu handeln, darf die Verhältnismäßigkeit der Mittel nicht aus den Augen verlieren. Die Techniker und Sekretärinnen des serbischen Fernsehens brauchten nach Kriegsende keine Anklage vor einem internationalen Gericht zu fürchten, und es ist fraglich, ob Journalisten dazu Grund gehabt hätten. In Ruanda haben 1994 Verantwortliche für den Völkermord über Monate hinweg im Radiosender »Milles Collines« offen zur Ermordung von Angehörigen der Tutsi-Minderheit aufgerufen. Mehrere Mitarbeiter des Senders sind deshalb vor dem UN-Tribunal angeklagt worden. Ihre Verurteilung erweist sich als außerordentlich schwierig. Es braucht Zeit, individuelle Schuld mit rechtsstaalichen Mitteln nachzuweisen.

US-Präsident Bill Clinton begründete den Angriff auf das Funkhaus in Belgrad damit, daß Milosevic den Sender nicht dazu benutze, um die im Kosovo begangenen Verbrechen zu zeigen. Wenn ein solcher Vorwurf eine Bombardierung rechtfertigt, dann müßten zahlreiche Fernsehstationen dieser Welt in Bunker umziehen. Der Angriff auf das Funkhaus war nur einer der sich gegen Ende der Militäroperation auf schreckliche Weise häufenden Beweise dafür, daß es so etwas wie einen humanitären Krieg nicht gibt.

Seit Jahrzehnten legt ein großer Teil der deutschen Öffentlichkeit, vor allem Anhänger des ehemals linken Lagers, eine deutliche Distanz zu militärischen Fragen an den Tag. Selbst politische Journalisten betonen gelegentlich ihre Kenntnislosigkeit mit einem Anflug von Stolz. »Vom Militär habe ich gar keine Ahnung. Das hat mich nie interessiert.« Ist es vorstellbar, daß Wissenslücken im Zusammenhang mit einer geplanten Steuerreform oder einem Umbau des Rentensystems gleichermaßen kokett eingeräumt würden? Im Zusammenhang mit militärpolitischen Fragen scheint die Ansicht weit verbreitet zu sein, ausgeprägte und sorgsam gehegte Ahnungslosigkeit lege besonders zuverlässig Zeugnis von der eigenen Friedfertigkeit ab.

Für diese Haltung gibt es zahlreiche historische Gründe, die vom Abscheu gegenüber dem deutschen Militarismus der Vergangenheit bis zu der von vielen im Kalten Krieg gewonnenen Überzeugung reichen, jede Form der Abrüstung mache den Frieden sicherer, und mehr gebe es zu dem Thema nicht zu sagen. Ehemalige Anhänger der Friedensbewegung, die einst die Stationierung von US-Mittelstreckenraketen auf deutschem Boden entschieden bekämpften, haben einen weiten Weg bis zu ihrer Billigung von Bomben für die Menschenrechte zurückgelegt. Ihr Interesse an militärischen Fragen aber ist mit dem Wandel ihrer grundsätzlichen Positionen nicht gewachsen. Das hat zu einer Verwirrung der Begriffe geführt, die bis heute die öffentliche Diskussion erschwert.

Die UN-Operation in Somalia, der Golfkrieg, die internationale Überwachung des Dayton-Abkommens in Bosnien und die Nato-Angriffe auf Jugoslawien werden gerade von vielen derjenigen, die sich mit dem Einsatz von Waffen für politische Ziele lange sehr schwer getan haben, als in so engem Zusammenhang stehend betrachtet, daß ihnen nur die Zustimmung oder die Ablehnung aller Interventionen zugleich als politische Haltung möglich erschien. Bestärkt werden sie in ihrer Sichtweise dadurch, daß populäre Politiker wie Joschka Fischer sich lange gegen jeden Einsatz selbst unbewaffneter deutscher Blauhelmsoldaten ausgesprochen hatten – dann aber zwischen den verschiedenen Formen militärischer Intervention nicht mehr zu unterscheiden bereit oder willens waren, als der Damm einmal gebrochen war.

Es ist jedoch nicht nur in politischer Hinsicht, sondern auch im Blick auf die Erfolgsaussichten einer Operation ein großer Unterschied, ob Militärs als fremde Besatzungsmacht in ein Land einrücken, ob sie das Land von einer fremden Macht zu befreien suchen, ob sie ein Friedensabkommen mit Zustimmung aller Beteiligten überwachen oder ob sie es zu ihrem einzigen Ziel erklären, einer bedrängten Zivilbevölkerung zu Hilfe zu eilen. Als siegreiche Besatzer können sie Kriegsrecht verhängen. Es steht außer Frage, wer der Gegner ist. Bewaffnete humanitäre Helfer wissen nicht einmal, wie sie einer Frau begegnen sollen, die ihnen mit einem großen Umhängetuch über der Schulter entgegenkommt. Verbirgt sich darunter ein Baby oder eine Bombe?

Man stelle sich vor, die Alliierten hätten Deutschland nicht den Krieg erklärt, sondern es als ihr ausschließliches Anliegen bezeichnet, die vom nationalsozialistischen Terror unterdrückten Deutschen zu befreien. Wie lange hätte sich der Zweite Weltkrieg dann wohl noch hingezogen? Ich hätte eine offene Kriegserklärung der Nato an Jugoslawien für ebenso falsch gehalten wie die schönfärberisch nicht als Kriegshandlungen bezeichneten Luftangriffe. Wenigstens aber hätte eine solche Erklärung den Vorteil gehabt, die Diskussion auf die Basis eindeutig geklärter Voraussetzungen zu stellen. Das Interesse der Verantwortlichen daran scheint gering gewesen zu sein. Zugegeben: Mindestens in Deutschland hätte derlei Offenheit auch allzu eindeutig gegen das in der Verfassung verankerte Verbot eines Angriffskrieges verstoßen.

Militärs sind keine Politiker. Auch bei den sogenannten humanitären Missionen der letzten Jahren folgten sie über-

wiegend ihren eigenen Gesetzen. Das hat die Glaubwürdigkeit der jeweiligen politischen Anliegen nicht erhöht, sondern gemindert. Den Soldaten ist das nicht anzulasten. Sie
üben ihren Beruf aus. Den Politikern schon.

»Ich vermute, daß sich der Pazifismus in der Debatte um
den Einsatz deutscher Blauhelme erschöpft hat«, sagt der
Friedensforscher Ernst-Otto Czempiel in einem Gespräch
mit der *Zeit* im März 1999. »Das war eine Debatte am
untauglichen Objekt. Ich war immer der Ansicht, daß Blau-
helmeinsätze mit dem Grundgesetz vereinbar sind. Die
soziale Bewegung, die sich um diese Auseinandersetzung
noch einmal gruppiert hat, wird sich so schnell nicht wiederbeleben lassen.«

Bisher hat sie sich jedenfalls nicht wiederbeleben lassen.
Die einstige Friedensbewegung in Deutschland hat ihre Anhänger zum letzten Mal in nennenswerter Zahl auf die Straßen gebracht, um gegen den Golfkrieg zu protestieren. Dabei
basierte dieser Einsatz auf ganz anderen völkerrechtlichen
und militärischen Voraussetzungen als die Nato-Angriffe auf
Jugoslawien, und die eine Militäroperation barg auch die andere keineswegs bereits als zwingende Konsequenz in sich.
Der Golfkrieg hatte ein klar umrissenes Ziel, und die daran
beteiligten Mächte waren mit einem eindeutigen Mandat der
Vereinten Nationen ausgestattet. Es ging darum, das vom Irak
überfallene Kuwait zu befreien. Falls es den USA darüber hinaus noch darum ging, den irakischen Staatschef Saddam Hus-
sein aus dem Amt zu jagen – was so unter anderem in der
Autobiographie des US-Oberkommandierenden H. Norman
Schwarzkopf nachzulesen ist – und außerdem ihre Stellung als
einzige regelnde Kraft in der Welt zu zementieren, so wurden
diese Absichten weder ausdrücklich formuliert, noch waren
sie durch das internationale Mandat abgedeckt. Noch wurden
sie erreicht. Die Befreiung von Kuwait aber ist gelungen. Es
gab in diesem Krieg klare Gegner, klare Fronten und ein relativ klares Ende, obwohl der Irak nach wie vor Schauplatz eines
auch mit Waffengewalt ausgetragenen Konflikts ist.

Im Kosovo-Konflikt zeigten hingegen bereits die Verhandlungen in Rambouillet, mit deren Scheitern die Luftschläge auf Jugoslawien begründet wurden, wie nebulös die Ziele des Westens waren. »Die USA hatten in Rambouillet militärische Bedingungen gestellt, die kein Serbe mit Schulbildung hätte unterschreiben können«, schrieb Rudolf Augstein im *Spiegel*. Von Milosevic wurde gefordert, einem Abkommen zuzustimmen, das auf ein Besatzungsstatut für ganz Jugoslawien hinauslief – und das auch noch ohne UN-Mandat. Ein Annex des Vertragstextes sah ungehinderten Zugang und die Benutzung aller Einrichtungen für die Nato vor. Die jugoslawischen Behörden hätten alle Forderungen der westlichen Allianz zu erfüllen gehabt. Den ausländischen Soldaten wurde Immunität zugesichert.

Milosevic hat nicht nur schwere Verbrechen begangen, sondern auch unterhalb dieser Schwelle oft verantwortungslos gehandelt. Aber seine Weigerung, dieses Dokument zu unterschreiben, war nicht verantwortungslos, sondern seine Pflicht als Präsident eines unabhängigen Staates. Der militärische Annex nährt Zweifel an der Ernsthaftigkeit des Ringens um eine politische Lösung des Konflikts seitens der an den Verhandlungen beteiligten westlichen Staaten. Seit dem Ende des Kosovo-Krieges ist übrigens von einer Forderung nach Bewegungsfreiheit für die Nato im gesamten Jugoslawien keine Rede mehr. Wird darüber öffentlich gesprochen?

Für die Luftangriffe der westlichen Allianz auf Jugoslawien gab es keine völkerrechtliche Grundlage. Das immer wieder bemühte Recht auf »Nothilfe« dehnt die Regeln, die sich die internationale Staatengemeinschaft im Umgang miteinander gegeben hat, so weit, daß sie einem Verzicht auf diese Regeln gleichkommt. »Die Bundesrepublik hat dem Angriff der Nato auf ein Land zugestimmt, das die Nato nicht angegriffen hat«, sagt Ernst-Otto Czempiel. »Sie hat den Verzicht auf ein UN-Mandat akzeptiert, ein klarer Bruch des bisher geltenden Völkerrechts. Die Reklamation des internationalen Regelungsanspruches durch die Nato, das ist der Rubikon, der im Kosovo überschritten worden ist.«

Wurde diese Tatsache zu Beginn des Krieges noch von zahlreichen Kommentatoren für problematisch gehalten, so verlor sie binnen weniger Wochen in der veröffentlichten Meinung dramatisch an Bedeutung. In den Augen einer wachsenden Zahl von Beobachtern schien die historische Größe des Augenblicks – kämpfte nicht die freie Welt einig für die Menschenrechte? – derlei Bedenken als kleinlich hinweggefegt zu haben.

Wer in Deutschland angesichts der Menschenrechtsverletzungen im ehemaligen Jugoslawien noch großes Gewicht auf die Warnung vor einem Bedeutungsverlust der Vereinten Nationen legte, lief Gefahr als jemand zu gelten, dem Menschenleben weniger galten als sture Prinzipien und tote Buchstaben. Aus den Erfahrungen der blutigen Konflikte in Afrika muß dagegen in meinen Augen die Lehre gezogen werden, daß die Marginalisierung der UNO – ungeachtet all ihrer Unzulänglichkeiten – bereits in den letzten Jahren mehr Menschenleben gekostet hat als der gesamte Kosovo-Krieg, der diese Marginalisierung weiter vorangetrieben hat. Sie fordert ständig neue Opfer.

Der Völkermord in Ruanda begann im Frühjahr 1994, zu einem Zeitpunkt also, zu dem in Ostafrika schon lange so gut wie niemand mehr bestritt, daß eine vorangegangene UN-Militäroperation in Somalia ein völliger Fehlschlag gewesen war – auch wenn bis heute versucht wird, der Öffentlichkeit in den USA und in Europa das Gegenteil zu erzählen. Eine zweite Niederlage innerhalb so kurzer Zeit wollte sich keine der die UNO bestimmenden Mächte bereiten lassen. Die Folge: Die überwältigende Mehrheit der damals in Ruanda stationierten ausländischen Soldaten, deren Mandat die Überwachung eines Friedensabkommens gewesen war, wurden unmittelbar nach Beginn des Blutbads abgezogen. »Angesichts eines Völkermords erklärt die Welt ihre Neutralität«, bilanzierte Rony Brauman, Gründer und langjähriger Präsident der Hilfsorganisation »Médecins sans frontières«.

Die zynische Begründung für den Befehl des Abzugs lautete, das Mandat der ausländischen Truppen sei gegenstandslos geworden, da das Friedensabkommen erkennbar gescheitert sei. Dabei waren die Opfer des Genozids, zwischen einer halben und einer Million Menschen, nicht die Opfer eines Bürgerkrieges. Eine unbewaffnete Zivilbevölkerung wurde von mordenden Milizen abgeschlachtet. Mit militärischen Auseinandersetzungen hat das nichts zu tun. Die fanden zwischen Angehörigen der Rebellenbewegung RPF und der ruandischen Armee statt, folgten anderen Gesetzen und nahmen einen anderen Verlauf als der Massenmord. Die Kämpfe zwischen den Bürgerkriegsparteien waren nur für einen minimalen Prozentsatz der Toten verantwortlich.

Die systematische Ermordung Oppositioneller und Angehöriger der Tutsi-Minderheit in Ruanda war vom damals herrschenden Regime, das infolge des Friedensabkommens um seine unumschränkte Macht fürchtete, von langer Hand vorbereitet worden. Es hätte keiner großen Anstrengung bedurft, um viele der Kinder zu retten, die lebendig in Latrinen geworfen wurden oder diejenigen zu schützen, denen ihre Gliedmaßen mit Macheten abgehackt wurden, bis sie langsam verbluteten. Freund und Feind ließen sich übrigens in Ruanda leicht unterscheiden. Die ethnische Zugehörigkeit war im Ausweis vermerkt.

Gemeinsam mit einem Kollegen verbrachte ich eine Nacht in der Missionsstation Kabgayi am Rande der ruandischen Kleinstadt Gitarama. Nur durch eine Wand waren wir von rund 35 000 Flüchtlingen getrennt, die sich in verzweifelter Hoffnung auf Hilfe unter den Schutz der Kirche begeben hatten. Die Glücklicheren unter ihnen verfügten über graue Wolldecken, die das Internationale Rote Kreuz zu Beginn des Ansturms ausgegeben hatte, solange der Vorrat reichte. Zelte hatte niemand. Abends um sechs Uhr begann die nächtliche Ausgangssperre. Um fünf nach sechs wurde es unruhig im Camp. Jede Nacht, so erzählten uns Vertreter des Roten Kreuzes, wurden wahllos zwanzig bis dreißig Männer, Frauen und Kinder von Milizen aus dem Lager geholt und ermordet. Einige von ihnen mit Macheten, andere mit Schußwaffen. Wieviele Leben hätten einige wenige UN-Soldaten mit Maschinenpistolen retten können? Ohne jedes weitergehende Ziel, nur mit dem Mandat ausgestattet, Unbewaffnete zu schützen?

Es ist kaum vorstellbar, daß die Welt dem Völkermord in Ruanda ohne die Erfahrungen in Somalia tatenlos zugesehen hätte. Hilflose Opfer wurden in dem einen Land ihren Mördern preisgegeben, weil in dem anderen allzu viele ausländische Soldaten ihr Leben gelassen hatten. Dabei hätte es nicht einmal einer neuen Militärintervention bedurft, um die Ermordung zahlreicher wehrloser Zivilisten zu verhindern. Man hätte nur den ausländischen Soldaten, die bereits vor Ort waren, erlauben müssen, von ihren Möglichkeiten Gebrauch zu machen. Statt dessen mußten die meisten das Land verlassen. Nie werde ich die Verzweiflung in der Stimme des in der ruandischen Hauptstadt Kigali verbliebenen UN-Kommandeurs vergessen, als er internationale Kriegsreporter anschrie, was er denn, bitteschön, deren Ansicht nach tun solle? An wie vielen Orten sich die paar hundert Leute gleichzeitig aufhalten sollten, über die er noch verfügte?

Viele der nicht einmal 500 UN-Soldaten, die auch während des Völkermords in Ruanda geblieben sind, haben ein immenses Maß an persönlicher Tapferkeit gezeigt. Immer wieder und immer wieder haben sie Flüchtlinge gerettet, ohne jeden Schutz. Sie waren ganz auf sich allein gestellt. Die mordenden Milizen billigten ihnen nicht den Status einer neutralen Organisation zu. Meines Wissens ist der Prozentsatz getöteter oder verwundeter internationaler Militärs niemals höher gewesen als in Ruanda 1994.

Vor einigen Wochen hat die UNO ihre Mitschuld am Völkermord in Ruanda öffentlich zugegeben. Was genau ist unter dieser Mitschuld zu verstehen? Wer trägt sie? Der damalige Generalsekretär Butros Butros Ghali hat die Welt angefleht, ein paar tausend Blauhelme nach Ruanda zu schicken, als das ganze Ausmaß des Genozids in Umrissen sichtbar zu werden begann. Die bestimmenden Mächte, allen voran die USA, haben das Ansinnen kühl abgelehnt. Sie hatten gerade erst in Somalia eine für sie völlig unerwartete Niederlage hinnehmen müssen und waren auf weiteres Engagement im unbekannten Terrain nicht neugierig.

Ganz sicher lag das Scheitern mehrerer UN-Militärinterventionen in Folge auch an der Schwerfälligkeit der Weltorganisation, an ihrer mangelnden Effizienz, an ihrem veralteten Aufbau und an der Inkompatibilität von militärischen Strukturen der jeweils beteiligten Länder. Vor allem aber lag es an den unzureichenden Mandaten, mit denen die Vereinten Nationen ausgerechnet von den Staaten ausgestattet worden waren, die hinterher die Notwendigkeit eines Eingreifens der Nato mit dem Versagen der UNO begründeten. Will man die an der Formulierung der Mandate beteiligten Politiker nicht ausnahmslos für naiv halten, dann drängt sich der Verdacht auf, daß das Scheitern der UNO mindestens von einigen Verantwortlichen politisch gewollt war.

In Somalia hatte der Bürgerkrieg zu einer furchtbaren Hungerkatastrophe geführt. Hilfslieferungen wurden regelmäßig von Milizen geplündert. 1992 erhielten internationale, von den USA geführte Truppen von der UNO den Auftrag, Nahrungsmitteltransporte zu sichern. Schießen durften die Soldaten allerdings nur, wenn sie selbst angegriffen wurden, und auch die Entwaffnung von Milizen war durch ihr Mandat nicht gedeckt. Wenige Tage nach dem Einmarsch der ersten ausländischen Militärs in Mogadischu wurden zwei Kollegen und ich Augenzeugen einer bizarren Szene: Unmittelbar hinter der Ausfahrt aus dem Hafengelände hielten einige junge Männer mehrere Lastwagen an, die mit Hilfsgütern beladen waren. Sie holten sich die Säcke mit Bohnen und Reis von den Lkws, achteten dabei aber genau darauf, daß sich kein UN-Soldat von der Plünderung bedroht fühlen konnte. Die fremden Militärs schauten von ihren Begleitfahrzeugen aus dem Raubzug tatenlos und schwerbewaffnet zu. Was blieb ihnen übrig? Ihnen persönlich wurde ja kein Leid angetan. Somalische Zivilisten, die den Vorgang verfolgten und mit den filigranen Einzelheiten des internationalen Mandats nicht vertraut waren, standen sprachlos daneben. So hatten sie sich die internationale Militäroperation nicht vorgestellt.

Die Hungersnot ist übrigens nicht von den fremden Truppen besiegt worden. Ihr Zenit war, unbemerkt von der Weltöffentlichkeit, bereits zu dem Zeitpunkt überschritten, als die ersten ausländischen Militärs in Mogadischu landeten. Das Internationale Rote Kreuz hatte in einem beispiellosen Kraftakt einen Ring von Garküchen um größere Ortschaften der betroffenen Provinzen gezogen und damit die Flüchtlingsbewegungen in die Städte eingedämmt, die eine Verschärfung des Elends zur Folge gehabt hatten. Statistiken der Hilfswerke belegen diese Entwicklung, aber als die ersten Erfolge der Strategie sichtbar wurden, waren die Vorbereitungen für die Militäroperation schon zu weit vorangeschritten, als daß sie noch hätten gestoppt werden können. Zu den besonders schrecklichen Merkmalen einer Hungersnot gehört es, daß Menschen in Reichweite eines gefüllten Tellers verhungern können, weil ihre Körper zu geschwächt sind, um noch Nahrung aufzunehmen. So ist es zu erklären, daß sich die Lage in den Hungercamps noch Wochen nach dem Einmarsch der internationalen Truppen nicht in einer für Beobachter erkennbaren Weise entspannt hatte.

Bis heute hat sich in Somalia keine allseits anerkannte Zentralregierung etablieren können, nach wie vor gibt es keine staatliche Verwaltung. Entgegen dem, was manche deutsche Politiker wie beispielsweise der ehemalige Verteidigungsminister Volker Rühe unverdrossen behaupten, war die ausländische Intervention in Somalia nicht einmal teilweise ein Erfolg, sondern ein völliger Fehlschlag.

Es bedürfte eines schon paranoid zu nennenden Glaubens an Verschwörungstheorien, wollte man unterstellen, die Entscheidungsträger hätten von Anfang an einen Mißerfolg der UNO im Auge gehabt, um langfristig die Stellung der Nato zu stärken. Vieles spricht dafür, daß die Hoffnung der USA auf Reformfähigkeit der Weltorganisation im Sinne Washingtons vor zehn Jahren erheblich größer war als heute und daß es ihnen mit ihrem Wunsch, zumindest die Hungersnot in Somalia im Rahmen der Vereinten Nationen zu besiegen, ernst gewesen ist. Das wirft dann allerdings ein erschreckendes Licht darauf, was für geringe Kenntnisse verantwortliche Politiker hinsichtlich der konkreten Verhältnisse vor Ort für notwendig halten, um die schwersten der ihnen zur Verfügung stehenden Geschütze aufzufahren – ein Problem, das im Kosovo-Konflikt ein weiteres Mal sichtbar geworden ist.

Schon in den ersten Wochen nach dem Einmarsch internationaler Truppen in Somalia wurde der Eindruck unabweisbar, daß diejenigen, die die Militäroperation politisch betrieben hatten, überhaupt keine Vorstellung von ihrem Ablauf gehabt hatten. Es gab schon früh Anlaß, genau das zu befürchten. Fröhlich und mit einem Selbstbewußtsein, wie es in dieser übersteigerten Form nur in völliger Unkenntnis der Situation entstehen konnte, verkündeten internationale Gesandte bereits vor der Landung der ersten ausländischen Soldaten in Somalia auf Pressekonferenzen in Nairobi, mit den paar »barfüßigen Banditen« werde man schnell fertig werden. Die könnten ja nicht einmal richtig zielen.

Leider konnten sie das doch. Die UNO-Truppen gerieten mehrfach in bewaffnete Auseinandersetzungen mit Milizen und mutierten in den Augen vieler, auch ziviler Somalis zur Bürgerkriegspartei. Gut ein Jahr nach der Landung der ersten ausländischen Soldaten und viele Tote später war die gigantische internationale Operation zum Selbstzweck geworden, deren einziges Ziel mittlerweile darin bestand, die Verluste in den eigenen Reihen möglichst gering zu halten.

Der Glaube an die Allmacht überlegener Waffensysteme im Zusammenhang mit dem Wunsch, bestimmte Ziele zu erreichen, kleidet sich heute in andere Formen als zu den Zeiten territorialer Kriege zwischen Weltmächten. Aber auch im neuen Gewand besteht dieser Glaube fort und scheint unausrottbar zu sein. Er hat weitreichende Folgen. So selbstverständlich ist inzwischen der Ruf nach internationalem Militär zur Beendigung blutiger, lokaler Konflikte geworden, daß die Phantasielosigkeit hinsichtlich anderer Möglichkeiten der Intervention beständig wächst.

Thomas Graham, von 1994 bis 1997 Chefanalytiker an der US-Botschaft in Moskau, hat in der *New York Times* ein Bündel von Maßnahmen gefordert, mit dem die Welt im Zusammenhang mit dem Tschetschenien-Krieg Druck auf Rußland ausüben sollte. Unter anderem verlangte er die Sperrung aller internationalen Kredite und die Überprüfung aller technischen Unterstützungsprogramme. Außerdem setzte er sich für die Drohung an Rußland ein, nicht mehr zu den Treffen der sieben führenden Industriestaaten eingeladen zu werden. Die Fernsehbilder tschetschenischer Flüchtlinge waren nicht weniger mitleiderregend als die der Flüchtlinge aus dem Kosovo. Aber ist in Deutschland je öffentlich und ausführlich darüber geredet worden, was für Möglichkeiten der Einflußnahme es in diesem Konflikt gäbe? Eine Nato-Intervention schied aus. Unter diesen Umständen schien die politische Klasse in der Bundesrepublik ein bedauerndes Achselzucken für die letzte verbliebene Möglichkeit zu halten.

Die Lage im Kosovo ließ und läßt sich in vielerlei Hinsicht mit der in anderen Krisengebieten nicht vergleichen. Aber die Erklärungen, weshalb eine politische Lösung des Kosovo-Konflikts nicht mehr möglich und die Anwendung militärischer Mittel unausweichlich sei, hat mich auf beklemmende Weise an die angebliche Unausweichlichkeit der Entwicklung anderenorts erinnert. Wann ist je und in welchem Forum in Deutschland die Frage diskutiert worden, welche Auswirkungen der Abzug humanitärer Helfer und OSZE-Beobachter auf die Menschenrechtssituation im Kosovo gehabt hat? Selbst wenn dieser Abzug unvermeidlich gewesen sein sollte: wäre es nicht dennoch sinnvoll, seine Folgen zu analysieren? Auch für die Zukunft? Die Analyse hat nicht stattgefunden. Von den Ereignissen überholt, nicht mehr wichtig.

Vieles spricht dafür, daß sich der völlige Zusammenbruch Somalias lange vor der Militäroperation und auch ganz ohne sie hätte vermeiden lassen. Schon Ende 1992 gaben Diplomaten und UN-Vertreter zu, daß die Lage vermutlich niemals so eskaliert wäre, hätte das Ausland gleich nach dem Sturz des Regimes Hilfe beim Aufbau der zerstörten Infrastruktur geleistet. Damals habe sich aber irgendwie niemand für das Thema interessiert. Mit »Schwierigkeiten, für die UNO-Mitarbeiter geeignete Versicherungen zu finden« begründete seinerzeit ein Sprecher der Vereinten Nationen die Tatsache, daß humanitäre UN-Organisationen mehr als ein Jahr nach Siad Barres Flucht aus Mogadischu noch immer nicht nach Somalia zurückgekehrt waren.

Die Ursachen für das Scheitern der UN-Militäroperationen der letzten Jahre haben in der öffentlichen Diskussion über den Kosovo-Krieg keine Rolle gespielt. Für die Rechtfertigung der Nato-Angriffe auf Jugoslawien genügte es, die Weltorganisation als unfähig abzustempeln – Widerspruch war nicht mehr zu befürchten. Ohne die vorangegangene, über Jahre hinweg betriebene Entmachtung der Vereinten Nationen hätte niemals jemand die Behauptung aufzustellen gewagt, daß in irgendeiner vorstellbaren Situation allein die Nato das geeignete Instrument sei, um die Wahrung von Menschenrechten durchzusetzen.

Die Diffamierung der UNO fordert Menschenleben. Warum sollte irgendeine Bürgerkriegsfraktion die Vereinten

Nationen noch als regelnde, neutrale Kraft von Gewicht akzeptieren, wenn die Führungsmächte der Welt keinen Zweifel daran lassen, daß sie selbst es auch nicht mehr tun? Da das so ist: Welche Hoffnung auf Hilfe haben die Schwachen heute noch in Ländern, in denen die Nato nicht meint, die Menschenrechte notfalls mit Waffengewalt durchsetzen zu müssen?

Nun läßt sich allerdings nicht bestreiten, daß eine Reform der UNO seit vielen Jahren überfällig ist und die Weltorganisation auch dann kaum handlungsfähig gewesen wäre, wenn in der Vergangenheit bei den konkreten Operationen vor Ort weniger handwerkliche Fehler gemacht worden wären. Der Zwang zur Einstimmigkeit der ständigen Mitglieder im Weltsicherheitsrat war eine kluge politische Konsequenz aus den realen Machtverhältnissen in den Zeiten der bipolaren Welt. Heute ist er ein wesentlicher Grund dafür, daß die UNO so oft zur Tatenlosigkeit verurteilt ist.

Veränderungen der geltenden Ordnung werden gewiß nicht leicht zu erreichen sein. Aber wer bemüht sich darum überhaupt mit einer drängenden Ernsthaftigkeit, die dem Engagement in anderen Fragen vergleichbar wäre? Wer kämpft für eine umfassende Reform der UNO? Diese Frage ist mir von führenden Politikern der CDU und Bündnis 90/Die Grünen wortgleich beantwortet worden. »Können Sie vergessen. Ist nicht durchsetzbar.« Wäre die KSZE-Schlußakte von Helsinki jemals unterschrieben worden, hätten sich die damals Verantwortlichen mit demselben Gleichmut der vermeintlichen Unabänderlichkeit der Verhältnisse gebeugt?

Die parteiübergreifenden Bemühungen um die konsensuale »vernünftige« Lösung von Problemen schränken die Informationsfreiheit ein. Nicht etwa deshalb, weil Zensur ausgeübt würde: Das ist gar nicht notwendig. Nachrichten, die von den Entscheidungsträgern für unwesentlich oder überflüssig gehalten werden, haben ganz ohne Anwendung äußeren Zwangs keine Aussicht, ins öffentliche Bewußtsein zu dringen.

So lange es einen Streit der Meinungen gibt, so lange sind die Kontrahenten bemüht, möglichst viele Argumente zur Unterstützung ihres jeweiligen Standpunkts heranzuziehen. Eine Angelegenheit wird daher von sehr unterschiedlichen Blickwinkeln aus beleuchtet. Ist hingegen im Prinzip über eine Frage bereits Einigkeit hergestellt, dann gibt es keine Veranlassung mehr, einmal akzeptierte Thesen auf ihre Richtigkeit hin zu überprüfen. Welche Aspekte eines Themas für dessen Beurteilung wesentlich und wie sie einzuordnen sind, darauf haben sich alle Beteiligten bereits lange vor einer endgültigen Entscheidung im Verlauf ihrer Gespräche verständigt. Neue Argumente haben dann keine Aussicht mehr auf Gehör. Niemand hat an ihnen noch Interesse.

Atemnot

Der Niedergang der Streitkultur läßt sich in seiner Vielschichtigkeit und in seinen Konsequenzen noch nicht vollständig analysieren. Es ist sehr fraglich, ob der Tiefpunkt schon erreicht ist. Noch beklemmendere Entwicklungen als die der letzten zehn Jahre sind leicht vorstellbar; auch erhebt das Buch hinsichtlich der Faktoren, die der Analyse zugrunde liegen, keinen Anspruch auf Vollständigkeit.

Welche Folgen wird die Tendenz zur Konzentration der einzelnen Medien in gigantischen Konzernen für die Meinungsfreiheit und die mögliche Verbreitung von Minderheitspositionen haben? Was wird der Rückzug des Staates aus seinen traditionellen Monopolaufgaben bewirken? In steigendem Maße überträgt er den Schutz der Bevölkerung auf private Sicherheitsdienste und Wachfirmen. Wird der goldene Käfig auch hierzulande bald von der Allegorie zur Realität? In welcher Weise wird die dadurch beförderte, immer stärkere Abschottung von Wohlhabenden gegenüber den Habenichtsen das Land verändern? Welche Auswirkungen wird die steigende Bedeutung von ererbtem gegenüber selbst erarbeitetem Vermögen auf die soziale Durchlässigkeit der Gesellschaft haben? Welche neuen Möglichkeiten werden die Eliten entdecken, um unter sich zu bleiben? All diese Fragen und noch einige mehr werden die Demokratie und auch die Streitkultur der Bundesrepublik Deutschland beeinflussen. Negativ beeinflussen.

Aber warum so pessimistisch? Ausgerechnet der Finanzskandal der CDU hat bei zahlreichen Beobachtern schon relativ bald nicht etwa tiefe Sorge hervorgerufen, sondern sie in dem beruhigenden Gefühl bestätigt, daß im Grunde doch hierzulande alles in Ordnung sei: »Politische Moral ist in erster Linie eine Frage der demokratischen Institutionen«, schreibt in der *taz* Friedhelm Hengsbach, jesuitischer

Professor für christliche Gesellschaftsethik, und er fährt
fort: »Die sind trotz der Beulen, die die CDU ihnen verpaßt
hat, intakt. Die Staatsanwaltschaft ermittelt. Die Medien
stellen Öffentlichkeit her. Das Parlament mistet aus. Wer
das Recht gebrochen hat, wird bestraft.« Ganz ähnlich hat
der SPD-Fraktionsvorsitzende Peter Struck die Lage Mitte
Januar 2000 in einer Bundestagsdebatte beschrieben. Bei
den Vorgängen handele es sich um »keine Staatskrise«. Die
Medien »nehmen ihre Kontrollfunktion hervorragend
wahr«. Was wir erleben, sei lediglich »eine schwere Krise
der CDU«.

Es muß – und das ist fast ohne Ironie gesagt – ganz wun-
derbar sein, die Welt so betrachten zu können. Nicht allen
ist das gegeben. Wer den Skandal unter dem Blickwinkel der
existierenden Machtverhältnisse betrachtet, hat wenig
Anlaß zur Freude über angeblich funktionierende Institutionen. Geopfert wurde stets nur, wer oder was sich keinesfalls
mehr halten läßt – immer mit dem starren Blick darauf,
so viel vom bestehenden System zu retten wie nur irgend
möglich. Öffentliche Äußerungen der Akteure erschweren
die sonnige Sicht auf die Republik zusätzlich: »Wenn ich
sehe, wer jetzt alles auftritt mit der Attitüde der moralischen
Vollkommenheit, dann habe ich an manchen Tagen schon
ein Problem, das zu ertragen«, hat Altbundeskanzler Helmut Kohl auf einem Neujahrsempfang der Bremer CDU
gesagt. An keiner anderen Stelle der Ansprache lachte sein
Publikum gleichermaßen verständnisinnig wie bei diesen
Sätzen.

Niemand wird so mächtig, wie Helmut Kohl es am Ende
seiner Amtszeit als Regierungschef gewesen ist, ohne daß
diese Macht auch strukturell im Interesse von Gruppen von
Organisationen liegt, die ihrerseits innerhalb des Staatswesens
über großen Einfluß verfügen. In einigen Leitartikeln ist darauf hingewiesen worden. Aber die Vertreter der führenden
Institutionen der Republik, allen voran die Spitzenpolitiker,
haben es parteiübergreifend vorgezogen, diesem Aspekt keine

weitere Aufmerksamkeit zu schenken. Rückte dieser Gesichtspunkt in den Mittelpunkt des Interesses, dann hätte es wohl keine Möglichkeit gegeben, Entscheidungen von einiger Tragweite auszuweichen, die über unmittelbare Konsequenzen innerhalb der CDU hinausreichten. Kein Wunder, daß vor diesem Hintergrund das institutionelle Interesse über das parteiliche obsiegt hat und am Ende alle Parteistrategen erleichtert schienen, daß sich die Affäre totgelaufen hatte.

Dabei konnte es eigentlich keinen Zweifel daran geben, daß eine Mehrheit der Bevölkerung weitreichende Entscheidungen herbeigesehnt hatte. Umfragen legten Zeugnis davon ab, wie viele Bürgerinnen und Bürger sich eine Begrenzung der Parteienmacht wünschen. Der vielleicht bedrückendste Aspekt des Niedergangs der demokratischen Streitkultur liegt jedoch darin, daß die wachsende Distanz zwischen Regierenden und Regierten inzwischen von beiden Seiten für unvermeidlich gehalten wird.

Ob ich denn aber der Veränderung des Meinungsklimas und dem Ringen um Konsens tatsächlich gar keine positiven Aspekte abgewinnen könne, fragte mich ein 24jähriger Student, mit dem ich über das Buch gesprochen habe. Er selbst erinnere sich schaudernd an Familienfeste seiner Kindheit, bei denen die Verwandtschaft allein aufgrund unterschiedlicher Parteipräferenzen hilflosen Zorn, Verständnislosigkeit und abgrundtiefe Verachtung für die jeweils andere Seite ausgedrückt habe. Niemand habe Argumenten auch nur zugehört. »Wenigstens diese Art des Schubladendenkens ist vorbei«, meinte er. »Wir gehen vorurteilsfreier miteinander um.« Es werde heute doch immerhin für möglich gehalten, daß auch das Gegenüber gute Gründe für eine Meinung ins Feld führen könne, die sich von der eigenen unterscheide.

Die Unsitte, aus einer politischen Ansicht umweglos Rückschlüsse auf die gesamte Persönlichkeit vor allem politisch Andersdenkender abzuleiten, war zur Zeit des Kalten Krieges tatsächlich weiter verbreitet als heute. Oder doch nicht? Ich glaube, daß mein Gesprächspartner eine Verschiebung der Fronten mit einer grundlegenden Veränderung des Verhaltens verwechselt. Der immer breitere Konsens der etablierten Parteien in wesentlichen Fragen enthebt deren jeweilige Anhänger der Notwendigkeit, sich über diese Themen überhaupt streitig auseinandersetzen zu müssen. Was aber widerfährt jemandem, der in den Chor nicht einstimmen mag? Ein überzeugter Sozialist hat es in Westdeutschland heute kaum leichter, als er es in der Bundesrepublik in den 60er Jahren gehabt hätte. Was wir beobachten, ist eine Verschiebung der Grenzen, jenseits derer die Ausgestoßenen leben. Nicht mehr. Mag sein, daß die alten Definitionen nicht mehr stimmen. Wer aber bejubelt, daß es das alte Schema rechter und linker Positionen nicht mehr gibt, der entzieht sich lediglich der Notwendigkeit neuer Definitionen. Statt dessen begnügt er sich mit einer politischen Mitte, die nichts anderes ist als der freundlichere Begriff für die Unfähigkeit, sich auseinanderzusetzen.

Und was ist die Lösung? Ich werde mich hüten, so zu tun, als hätte ich eine. Nachdem ich ein ganzes Buch über den Niedergang der Streitkultur geschrieben habe, sollte ich mich wenigstens als fähig erweisen, mit einer unbeantworteten Frage zu leben. In diesem Text sind nur wenige Vorschläge und Forderungen enthalten, so etwa die Begrenzung der Amtszeit des Bundeskanzlers, ein neuer Kodex für die Medien und ein Verbot von Unternehmensspenden an Parteien. All diese Anregungen liegen jedoch in ihren Konsequenzen weit unterhalb des analysierten Problems. Dieses löste sich nicht auf, würden alle hier beschriebenen Ideen verwirklicht. Sie könnten bestenfalls Palliativmedikamente sein, keine Heilmittel.

Eine Rückkehr zum demokratischen Streit wird es nur geben, wenn ein nennenswerter Teil der Gesellschaft ihn verlangt. Bislang ist das nicht der Fall. Wenn es dabei bleibt, dann höhlen wir unsere Freiheit selber aus. Es bedarf nicht der Exekutive, um die Demokratie zu ersticken, die vom Streiten beatmet wird.